교과서 사자성어로 **표현력 향상!** 손 글씨는 예쁘게!

바빠 초등

사자성어+따라 쓰기

KB191726

이지스에듀

지은이 | **분당 영재사랑 교육연구소 호사라**

영재사랑 교육연구소는 분당 지역에서 유년기(6~13세) 어린이들의 잠재력 성장을 돕기 위해 지능 및 창의성 검사를 통한 학부모 상담과 논술, 수학, 과학실험, 탐구 수업 등을 진행해 왔습니다. 서울대 출신 교육학 박사들의 독창적인 프로그램과 학생에 맞는 개별 맞춤식 지도로 16년 동안 꾸준한 사랑을 받고 있으며, 졸업생 다수가 의대, 서울대 등 최상위권 대학에 진학하고 있습니다.

분당 영재사랑연구소 블로그 blog.naver.com/ilovethegifted

호사라 선생님은 서울대학교 교육학과에서 학사와 석사 학위를, 버지니아 대학교(University of Virginia)에서 영재 교육학 박사 학위를 취득하고 분당에서 영재사랑 교육연구소를 설립하여 제자들을 양성하고 있습니다. 어린 학생들의 영재성을 키워 주는 다양한 프로그램 개발과 수업을 통해 제자들의 사고력, 표현력 그리고 바른 학습 태도를 길러 주고자 노력하고 있습니다.

저서로는 《7살 첫 국어 1. 받침 없는 교과서 낱말》과 《7살 첫 국어 2. 받침 있는 교과서 낱말》, 《바쁜 초등학생을 위한 빠른 맞춤법》①, ②와 《바쁜 초등학생을 위한 빠른 독해》 시리즈, 《바빠 초등 속담+ 따라 쓰기》가 있습니다.

바빠 초등 사자성어+따라 쓰기

초판 1쇄 발행 2023년 3월 10일
초판 4쇄 발행 2025년 2월 14일
지은이 분당 영재사랑 교육연구소 호사라
발행인 이지연
펴낸곳 이지스퍼블리싱(주)
출판사 등록번호 제313-2010-123호
주소 서울시 마포구 잔다리로 109 이지스 빌딩 5층(우편번호 04003)
대표전화 02-325-1722   **팩스** 02-326-1723
이지스퍼블리싱 홈페이지 www.easyspub.com   **이지스에듀 카페** www.easysedu.co.kr
바빠 아지트 블로그 blog.naver.com/easyspub   **인스타그램** @easys_edu
페이스북 www.facebook.com/easyspub2014   **이메일** service@easyspub.co.kr

본부장 조은미   **기획 및 책임 편집** 정지연, 이지혜, 박지연, 김현주   **교정 교열** 김아롬
디자인 손한나   **삽화** 김학수, 이민영   **이미지 제공** Shutterstock.com   **문제 풀이** 전수민, 조유미
영업 및 문의 이주동, 김요한(support@easyspub.co.kr)   **마케팅** 라혜주
독자 지원 오경신, 박애림   **전산편집** 트인글터   **인쇄** 명지북 프린팅

ISBN 979-11-6303-459-9 64710
ISBN 979-11-6303-451-3(세트)
가격 12,000원

• **이지스에듀**는 이지스퍼블리싱(주)의 교육 브랜드입니다.
  (이지스에듀는 학생들을 탈락시키지 않고 모두 목적지까지 데려가는 책을 만듭니다!)

안녕하세요! 만나서 반갑습니다. 저는 어린이들이 즐겁고 신나게 공부하는 방법을 연구하고 있는 호 박사라고 해요.

어느 날 꿈속에서 네 어린이의 대화를 엿듣게 되었어요.

호 박사

나는 삐뚤빼뚤한 손 글씨를 예쁘게 쓰고 싶어.
소심이

나는 쓰기만 하는 책은 싫어. 재미있는 이야기도 읽으면서 따라 쓰는 책은 없을까?
투덜이

나는 쓰기 책을 하다가 포기했어. 띄어쓰기나 맞춤법을 틀릴 때마다 혼나는 게 싫거든.
엉뚱이

생활 속에서 직접 써먹을 수 있는 더 멋진 표현을 배우는 쓰기 책은 없을까?
당당이

어린이들의 목소리와 표정이 너무나 생생해서 저는 이게 꿈인가, 생시인가 어리둥절 했답니다. 혹시 여러분도 제 꿈에 들어왔었나요?

어쨌든 그날부터 저는 머리에 띠를 두르고 이 책을 쓰기 시작했어요. 표현력이 풍부 해지고, 예쁜 글씨체를 익힐 수 있으며, 띄어쓰기와 맞춤법 공부도 되고, 웃으면서 즐 겁게 공부할 수 있는 쓰기 책을 상상하면서요. 이 책이 여러분 마음에 꼭 들었으면 좋겠어요!

분당에 사는 '호박∨사' 아니고 호∨박사가

 **학부모님께**

교과서 사자성어로 표현력 향상! 손 글씨는 예쁘게!
영재 교육학 박사가 제대로 만든 두뇌 자극 사자성어 책

**교육계의
걱정거리
'국어'와
'쓰기 실력'**

최근 교육계에서는 학생들의 '기초 학력 저하'가 큰 걱정거리입니다. 특히 우려되는 과목은 '국어'입니다. 초등학생은 말하고 듣고 쓰고 읽는 과정을 선생님들께 지속적으로 점검받으며 공부해야 하는데, 코로나19로 인해 이러한 경험이 많이 부족해졌기 때문입니다.

또한 교육부에서 초등 1~2학년 학생들에게 학습 부담을 줄 수 있으므로 받아쓰기를 신중하게 활용하라는 지침을 내린 이후, '받아쓰기 시험'의 적용 시기가 늦춰지고, 빈도 역시 현저히 줄었습니다. 이에 띄어쓰기와 맞춤법에서 실수가 잦고, 글씨도 삐뚤빼뚤하게 쓰는 학생이 급증하여 부모님과 선생님 모두 당황스러워합니다.

**사자성어
따라 쓰기는
좋은 해결책!**

다행히 그동안 초등학생을 위한 '쓰기' 책이 많이 나왔습니다. 특히 글씨체도 잡고, 문해력을 기르는 데 도움이 되는 사자성어 따라 쓰기 책이 나와 있어 반가웠습니다. 사자성어는 사고력과 표현력을 기르는 데 도움이 되는 훌륭한 소재입니다. 또한 사자성어 따라 쓰기를 하면서 교과서에 나온 사자성어에 대한 사전 지식을 쌓는 이점도 있지요. 이러한 이유로 유명 학군지의 초등 논술학원에서는 사자성어만 따로 모아 공부하기도 합니다. 그런데 시중에 나온 책들을 보니 아쉬운 점들이 많았습니다!

**초등학생의
발달 특성에
딱 맞는 책!**

먼저 이 책이 필요한 초등학생은 발달적으로 구체적 조작기에 해당합니다. 즉, 쉽게 상상되는 이미지를 통해 배우는 시기입니다. 그래서 이 책에서는 초등 교과서와 수능에 나오는 사자성어만 쏙쏙 골라 뽑은 다음, 쉽게 상상되는 이미지로 연상하며 따라 쓰도록 구성했습니다. 따라서 이 책을 공부하는 어린이의 머릿속에는 사자성어의 장면이 더 잘 저장될 것입니다.

❤ 쉽게 상상되는 이미지로 배워요!

**생활 속에서
그대로
써먹을 수
있는 지문들!**

또한 이 책에서는 이야기나 만화뿐만 아니라 어린이들이 생활에서 자주 사용하는 대화, 일기, 편지 등으로 지문의 형식을 다양하게 구성했습니다. 또한 '속담+따라 쓰기' 책을 마친 학생들에게 보다 풍부한 읽기 경험을 제공하고자 신문 기사와 소개 글도 추가하였습니다. 따라서 이 책을 공부한 어린이들은 대화할 때나 일기, 편지 등의 글을 쓸 때도 책에서 배운 사자성어를 적극적으로 활용할 것입니다.

대화할 때나
글을 쓸 때
써먹을 수
있네~

대화문	일기	편지

**표준국어대사전
기준에 맞춘
정확한 예문!**

시중에 나온 책들을 살펴보니 맥락에 맞지 않은 예문을 종종 제시한 책이 많았습니다. 잘못된 예문은 어린이들에게 해당 사자성어에 대한 오개념을 심어 주어, 훗날 중학교, 고등학교 국어 시험을 치를 때 오답을 내게 합니다.

그래서 이 책은 표준국어대사전에 나온 정확한 예문을 바탕으로 가장 알맞은 상황을 구성했습니다. 이 책으로 사자성어를 배운 어린이들은 적재적소에 활용하게 될 것입니다.

**문장력,
띄어쓰기,
맞춤법까지
한 번에 해결!**

여기에 더해 이 책에서는 사자성어가 활용된 문장을 '예문'으로 보여 주는 데 그치지 않고, 어린이들이 문장을 직접 완성하도록 구성했습니다. 또한 어린이들이 띄어쓰기를 정확히 익힐 수 있도록 구성하고, 마지막으로 초등학생이 자주 틀리는 받침이나 모음을 한 번 더 확인하는 코너를 넣어 맞춤법 실력까지 탄탄히 쌓을 수 있게 했습니다.

어린이들이 '바빠 따라 쓰기' 책으로 글씨체를 예쁘게 가다듬고, 다양한 형식의 글감을 접하며 문장력과 표현력 그리고 띄어쓰기와 맞춤법까지 익힐 수 있기를 소망합니다.

분당 영재사랑 교육연구소, 호사라 박사

이 책을 효과적으로 공부하는 방법

같이 읽어 볼까?

📢 **이 책은 반드시 소리 내어 읽는 것으로 시작하세요.**
소리 내어 읽으면 내용을 정독하게 되고, 머릿속에 저장되어 학습 효과가 커져요!

01 **일석이조** 一 石 二 鳥
하나 일 돌 석 두 이 새 조

한자 뜻
돌 한 개를 던져 새 두 마리를 잡는다.

뜻풀이
동시에 두 가지 이득을 본다.

★ 비슷한 속담으로 '꿩 먹고 알 먹는다'가 있어요.

1. 사자성어 뜻 먼저 알기

사자성어 뜻 먼저 읽어 보세요.
한자 뜻과 함께 사자성어에 숨겨진
뜻풀이도 담았어요!

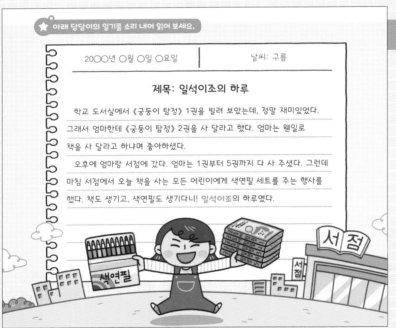

★ 아래 당당이의 일기를 소리 내어 읽어 보세요.

20○○년 ○월 ○일 ○요일	날씨: 구름

제목: 일석이조의 하루

학교 도서실에서 《궁둥이 탐정》 1권을 빌려 보았는데, 정말 재미있었다.
그래서 엄마한테 《궁둥이 탐정》 2권을 사 달라고 했다. 엄마는 웬일로
책을 사 달라고 하냐며 좋아하셨다.
오후에 엄마랑 서점에 갔다. 엄마는 1권부터 5권까지 다 사 주셨다. 그런데
마침 서점에서 오늘 책을 사는 모든 어린이에게 색연필 세트를 주는 행사를
했다. 책도 생기고, 색연필도 생기다니! **일석이조**의 하루였다.

2. 글감 소리 내어 읽기

사자성어가 어떤 상황에서 쓰이는지 알려
주는 이야기를 읽어 보세요.
대화, 만화, 일기, 편지, 신문 기사 등
생활 속에서 직접 써먹을 수 있는 지문을
담았어요!

글을 쓸 때
그대로 써먹을 수
있겠다!

이 책으로 지도하는 부모님과 선생님, 이렇게 도와주세요!

✚ 글감을 읽을 때 어린이 한 줄, 부모님 한 줄 또는 등장인물을 나누어 읽으면 더 재미있어요!

✚ 아이들이 연필을 바로 잡아야 예쁜 글씨체를 익힐 수 있어요.
천천히 쓰더라도 연필을 바르게 잡고 쓸 수 있도록 지도해 주세요.

사자성어 읽고 따라 쓰기 소리 내어 읽으며 예쁘게 쓰세요.

一 하나 일   石 돌 석   二 두 이   鳥 새 조

일 석 이 조   일 석 이 조   일 석 이 조

3. 사자성어 읽고 따라 쓰기

사자성어를 소리 내어 읽으며 예쁜 글씨로
따라 쓰세요.

 뜻 채우고 따라 쓰기 소리 내어 읽으며 반듯하게 쓰세요.

| 한자뜻 | 돌 | 한 | 개를 | 던 져 | 새 | | ∨ |
| | 마 리를 | 잡 는 다. | | | | | |

| 뜻풀이 | 동 시 에 | 두 | 가 지 | | 을 |
| | 본 다. | | | | |

4. 뜻 채우고 따라 쓰기

사자성어는 비유적인 표현이므로, 뜻을
정확하게 알아야 해요. 뜻을 채우고 예쁜 글씨로
따라 쓰며 바른 글씨체도 손에 익혀 보세요.

★ 뜻풀이에는 마침표를 찍어요.

 문장력 기르기 사자성어를 넣어 이야기를 완성하세요.

오늘 방 청소를 하고 부모님께 용돈을 받았다. 방이 깨끗해서 기분이 좋은데,
용돈도 받다니, 이것이 바로 [일   ] 다.

5. 문장력 기르기

사자성어를 넣어 생활 속 문장을 완성하세요.
비슷한 상황에서 사자성어를 활용하면
표현력이 좋다는 칭찬을 듬뿍 받을 거예요.

작은 글씨로
사자성어를 쓰는
연습도 돼요~

 맞춤법 연습하기 파란색 글자를 바르게 고쳐 쓰세요.

돌 한 게를 던져 세 두 마리

6. 맞춤법 연습하기

틀린 받침이나 모음을 바르게 고쳐 쓰세요.
받아쓰기 시험에도 자신감이 생길 거예요!

🌸 차례

바빠 초등 속담+따라 쓰기

속담 차례도 살펴보세요!

동물과 관련된 사자성어

사자성어는 한자 네 자로 이루어진 짧은 말이에요. 우리 조상들이 살면서 깨달은 교훈과 지혜를 담고 있는데, 속담처럼 동물이 등장하는 경우가 많아요. 첫째 마당에서는 동물과 관련된 10가지 사자성어의 뜻을 알아보고 따라 쓰며 익혀 봐요!

공부할 내용

✔체크해 보세요!

			들어 봤어요!	처음 들어요!
01	**일석이조 (一石二鳥)** 돌 한 개를 던져 새 두 마리를 잡는다.		☐	☐
02	**용두사미 (龍頭蛇尾)** 용의 머리와 뱀의 꼬리		☐	☐
03	**호시탐탐 (虎視眈眈)** 호랑이가 눈을 부릅뜨고 먹이를 노려본다.		☐	☐
04	**견원지간 (犬猿之間)** 개와 원숭이의 사이		☐	☐
05	**마이동풍 (馬耳東風)** 동풍이 말의 귀를 스쳐 간다.		☐	☐
06	**오비이락 (烏飛梨落)** 까마귀가 날자 우연히 배가 떨어진다.		☐	☐
07	**화룡점정 (畫龍點睛)** 용을 그린 뒤 눈동자를 찍어 그림을 완성한다.		☐	☐
08	**천고마비 (天高馬肥)** 하늘이 높고 말이 살찐다.		☐	☐
09	**구우일모 (九牛一毛)** 아홉 마리의 소 가운데 박힌 하나의 털		☐	☐
10	**군계일학 (群鷄一鶴)** 닭의 무리 중에 있는 한 마리의 학		☐	☐

01 일석이조 一 石 二 鳥
동물

하나 일 돌 석 두 이 새 조

한자 뜻

돌 한 개를 던져 새 두 마리를 잡는다.

뜻풀이

동시에 두 가지 이득을 본다.

★비슷한 속담으로 '꿩 먹고 알 먹는다'가 있어요.

⭐ 아래 당당이의 일기를 소리 내어 읽어 보세요.

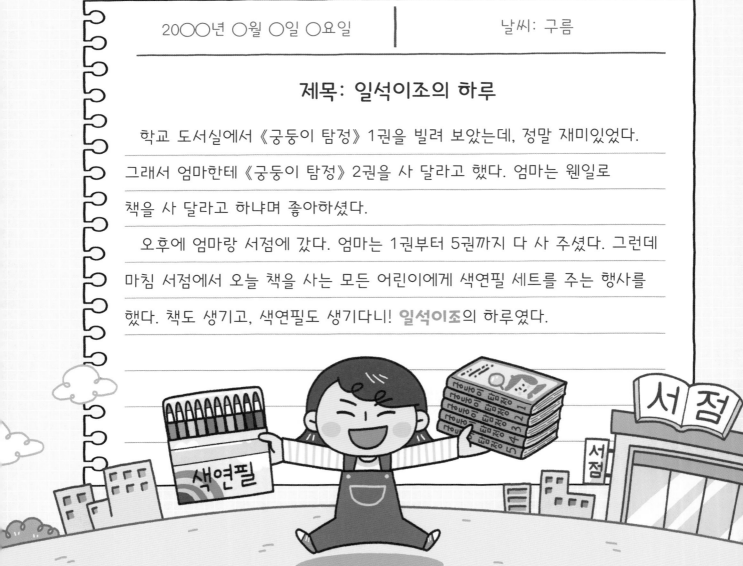

2000년 ○월 ○일 ○요일	날씨: 구름

제목: 일석이조의 하루

학교 도서실에서 《궁둥이 탐정》 1권을 빌려 보았는데, 정말 재미있었다.

그래서 엄마한테 《궁둥이 탐정》 2권을 사 달라고 했다. 엄마는 웬일로

책을 사 달라고 하냐며 좋아하셨다.

오후에 엄마랑 서점에 갔다. 엄마는 1권부터 5권까지 다 사 주셨다. 그런데

마침 서점에서 오늘 책을 사는 모든 어린이에게 색연필 세트를 주는 행사를

했다. 책도 생기고, 색연필도 생기다니! **일석이조**의 하루였다.

⭐ **사자성어 읽고 따라 쓰기** 소리 내어 읽으며 예쁘게 쓰세요.

一 하나 일 石 돌 석 二 두 이 鳥 새 조

일 석 이 조   일 석 이 조   일 석 이 조

⭐ **뜻 채우고 따라 쓰기** 소리 내어 읽으며 반듯하게 쓰세요.

| 한자뜻 | 돌 | 한 | | 개 | 를 | | 던 | 져 | | 새 | | | ∨ |
| | 마 | 리 | 를 | | 잡 | 는 | 다 | . | | | | | |

| 뜻풀이 | 동 | 시 | 에 | | 두 | | 가 | 지 | | | 을 | |
| | 본 | 다 | . | | | | | | | | | |

⭐ **문장력 기르기** 사자성어를 넣어 이야기를 완성하세요.

오늘 방 청소를 하고 부모님께 용돈을 받았다. 방이 깨끗해서 기분이 좋은데
용돈도 받다니, 이것이 바로 [일   ] 다.

⭐ **맞춤법 연습하기** 파란색 글자를 바르게 고쳐 쓰세요.

돌 한 게를 던져 세 두 마리

13

02 용두사미

龍 頭 蛇 尾
용 용 머리 두 뱀 사 꼬리 미

한자 뜻

용의 머리와 뱀의 꼬리

뜻풀이

처음은 화려했지만 끝은 초라하다.

⭐ **아래 이야기를 소리 내어 읽어 보세요.**

월요일 아침이었어요. 소심이는 수업 준비를 하고 있었어요.

잠시 뒤 엉뚱이도 교실로 들어와 자리에 앉았지요.

"엉뚱아! 너희 형 주말에 달리기 대회에 나갔다면서? 어떻게 됐어?"

소심이가 묻자 엉뚱이는 심드렁한 표정을 지었어요.

"**용두사미**가 되었지 뭐. 예선은 1등으로 통과했고, 준결승도 1등으로 통과했어.

그래서 모두 형이 금메달을 딸 줄 알았거든."

"그랬는데?"

"결승에서 꼴등을 했지 뭐야. 잘난 척하며 너무 일찍 힘을 다 써 버린 거지."

엉뚱이는 어깨를 으쓱하며 한심하다는 표정을 지었어요.

⭐ **사자성어 읽고 따라 쓰기** 소리 내어 읽으며 예쁘게 쓰세요.

龍용용 頭머리두 蛇뱀사 尾꼬리미

| 용 | 두 | 사 | 미 | 용 | 두 | 사 | 미 | 용 | 두 | 사 | 미 |

⭐ **뜻 채우고 따라 쓰기** 소리 내어 읽으며 반듯하게 쓰세요.

▼ 한자 뜻을 두 번 쓰세요.

한자 뜻

| 용 | 의 | | | 와 | 뱀 | 의 | 꼬 | 리 |
| 용 | 의 | 머 | 리 | 와 | 뱀 | 의 | | |

뜻풀이

| 처 | 음 | 은 | 화 | 려 | 했 | 지 | 만 | 끝 | 은 |
| | | 하 | 다 | . | | | | | |

⭐ **문장력 기르기** 사자성어를 넣어 이야기를 완성하세요.

우리 축구팀 이름은 '드래곤'이다. '드래곤'은 영어로 '용'이라는 뜻이다. 우리는 전반전에 세 골을 넣어 우승을 기대했지만, 후반전에 열 골이나 먹어서 지고 말았다. 다른 팀은 우리 팀을 [용   ] 라며 놀렸다.

⭐ **맞춤법 연습하기** 파란색 글자를 바르게 고쳐 쓰세요.

용에 머리와 뱀에 꼬리

호시탐탐

虎 視 眈 眈
범 호   볼 시   노려볼 탐   노려볼 탐

한자 뜻

호랑이가 눈을 부릅뜨고 먹이를 노려본다.

뜻풀이

남의 것을 빼앗으려고 가만히 기회를 엿본다.

⭐ 아래 대화를 소리 내어 읽어 보세요.

"엉뚱아! 왜 과자를 옷장 안에 넣고 있어?"

"쉿! 몰래 숨기는 거야."

"누가 뺏어 먹니?"

"응. 이거 내 용돈으로 샀는데, 형하고 누나가 **호시탐탐** 뺏어 먹으려고 기회만 노리고 있어."

"에이, 설마 치사하게 동생 것을 뺏어 먹겠니?"

"우리 형하고 누나는 그러고도 남아. 쉿! 조용히 해."

虎 범 호   視 볼 시   眈 노려볼 탐   眈 노려볼 탐

| 호 | 시 | 탐 | 탐 | | 호 | 시 | 탐 | 탐 | | 호 | 시 | 탐 | 탐 |

⭐ **뜻 채우고 따라 쓰기** 소리 내어 읽으며 반듯하게 쓰세요.

| 한자뜻 | 호 | 랑 | 이 | 가 | | 을 | | 부 | 릅 | 뜨 | 고 |
| | | | 를 | | 노 | 려 | 본 | 다 | . | | |

| 뜻풀이 | 남 | 의 | | 것 | 을 | | 빼 | 앗 | 으 | 려 | 고 | | 가 |
| | 만 | 히 | | | 를 | | 엿 | 본 | 다 | . | | | |

⭐ **문장력 기르기** 사자성어를 넣어 이야기를 완성하세요.

누나의 농구 시합을 구경하러 갔다. 누나가 공을 잡으면 상대편 선수들이

[호　　　　　　　　] 공을 뺏으려고 했다. 그렇지만 누나는 절대로 공을

빼앗기지 않았고, 슛을 던져 점수를 냈다. 정말 대단한 실력이었다.

⭐ **맞춤법 연습하기** 파란색 글자를 바르게 고쳐 쓰세요.

호랑이가 눈을 부릎뜨고

04 견원지간

犬	猿	之	間
개 견	원숭이 원	~의 지	사이 간

한자 뜻

개와 원숭이의 사이

뜻풀이

사이가 매우 나쁜 두 관계

⭐ 아래 만화를 소리 내어 읽어 보세요.

어제 너희 집 앞에서 너희 오빠랑 우리 언니랑 싸우더라?

그럴 만해. 둘은 **견원지간**이잖아.

그게 무슨 말이야?

개와 원숭이처럼 사이가 매우 나쁘다는 뜻이야.

어린이집 다닐 때도 맨날 싸웠대.

그랬구나. 나는 둘이 좋아하는 줄 알았는데…….

犬 개 견　猿 원숭이 원　之 ~의 지　間 사이 간

| 견 | 원 | 지 | 간 | 견 | 원 | 지 | 간 | 견 | 원 | 지 | 간 |

★ **뜻 채우고 따라 쓰기**　소리 내어 읽으며 반듯하게 쓰세요.

▼ 한자 뜻을 두 번 쓰세요.

한자뜻	개	와				의		사	이
		와	원	숭	이	의		사	이

뜻풀이	사	이	가		매	우				두		관
	계											

★ **문장력 기르기**　사자성어를 넣어 이야기를 완성하세요.

큰형과 작은형은 [견　　　　] 처럼 매일매일 싸운다. 엄마는 둘의 사춘기가 빨리 지나 제발 철이 들기를 빌고 계신다.

★ **맞춤법 연습하기**　파란색 글자를 바르게 고쳐 쓰세요.

계와 원숭이의 사이　　➔

동물

05 마이동풍

馬	耳	東	風
말 마	귀 이	동녘* 동	바람 풍

* 동녘은 해가 떠오른 쪽, 즉 동쪽이라는 뜻이에요.

한자 뜻

동풍*이 말의 귀를 스쳐 간다.

뜻풀이

남의 말을 귀담아듣지 않고 무시하며 흘려버린다.

★비슷한 속담으로 '쇠귀에 경 읽기'가 있어요.

* 동풍: 동쪽에서 부는 바람

★ 아래 이야기를 소리 내어 읽어 보세요.

투덜이는 쓰기 숙제를 하는 동생에게 강조했어요.

"글을 쓸 때는 띄어쓰기를 정확하게 해야 해. 안 그러면 읽는 사람이 무슨 뜻인지 모르게 돼."

"알았어, 알았어."

투순이는 건성으로 대답했어요.

조금 뒤 투순이는 숙제를 다 했다며 놀이터로 뛰쳐나갔어요. 투순이의 공책에는 아래와 같이 쓰여 있었어요.

'엄마 가발을 만졌다.'

투덜이는 설레설레 고개를 저었어요.

"아이고, '엄마가 발을 만졌다.'라고 써야지. **마이동풍**이라더니 그게 딱 너구나."

마이동풍이야, 마이동풍!

소리 내어 읽으며 예쁘게 쓰세요.

馬 말 마 耳 귀 이 東 동녘 동 風 바람 풍

마 이 동 풍   마 이 동 풍   마 이 동 풍

⭐ **뜻 채우고 따라 쓰기** 소리 내어 읽으며 반듯하게 쓰세요.

한자 뜻

동 풍 이 　□ 의 　□ 를 　 스 쳐
간 다 .

뜻풀이

남 의 　□ 을 　 귀 담 아 듣 지 　 않
고 　 무 시 하 며 　 흘 려 버 린 다 .

⭐ **문장력 기르기** 사자성어를 넣어 이야기를 완성하세요.

엄마는 형한테 자기 전에 컴퓨터를 꼭 끄고 자라고 당부하셨다. 그러나 엄마의
당부는 [마　　　　] 처럼 소용이 없다. 형은 늘 컴퓨터를 켜 둔 채
잠이 든다.

⭐ **맞춤법 연습하기** 파란색 글자를 바르게 고쳐 쓰세요.

쇠귀에 경 일끼　　　　

21

오비이락

烏	飛	梨	落
까마귀 오	날 비	배 이	떨어질 락

한자 뜻

까마귀가 날자 우연히 배가 떨어진다.

뜻풀이

아무 관련 없이 한 일로 억울하게 의심을 받는다.

★비슷한 속담으로 '오이밭에서는 신을 고쳐 신지 말라'가
있어요.

 아래 엉뚱이의 편지를 소리 내어 읽어 보세요.

엉뚱아!

네가 오해를 한 것 같아서 이렇게 편지를 쓴다.

아까 우리는 투순이에 관해 이야기를 하고 있었어. 투순이가 방귀를

너무 자주 뀐대. 그런데 그 순간 당당이가 갑자기 방귀를 뀐 거야. 그래서

한바탕 웃고 있었어.

그때 우연히 네 머리 위로 새똥이 떨어진 거야. **오비이락**인 셈이지.

결코 너를 놀린 게 아니란다. 그러니 이제 그만 오해를 풀렴.

너의 영원한 친구, 소심이가

烏 까마귀 오   飛 날 비   梨 배 이   落 떨어질 락

| 오 | 비 | 이 | 락 | 오 | 비 | 이 | 락 | 오 | 비 | 이 | 락 |

★ **뜻 채우고 따라 쓰기** 소리 내어 읽으며 반듯하게 쓰세요.

한자 뜻

| 까 | 마 | 귀 | 가 | | 날 | 자 | | 우 | 연 | 히 | | |
| 가 | | 떨 | 어 | 진 | 다 | . | | | | | | |

뜻풀이

| 아 | 무 | | 관 | 련 | | 없 | 이 | | 한 | | 일 | 로 | ∨ |
| 억 | 울 | 하 | 게 | | | | 을 | | 받 | 는 | 다 | . | |

★ **문장력 기르기** 사자성어를 넣어 이야기를 완성하세요.

[오　　　　　　　]으로 하필 내가 문을 닫을 때, 며칠 전부터 덜렁거리던 손잡이가 빠졌다. 엄마는 손잡이를 고장 냈다고 나를 혼내셨다. 나는 정말 억울하다.

★ **맞춤법 연습하기** 파란색 글자를 바르게 고쳐 쓰세요.

| 까마기가 날자 우연히 베가 | | |

23

화룡점정

畫	龍	點	睛
그림 화	용 룡	점찍을 점	눈동자 정

한자 뜻

용을 그린 뒤 눈동자를 찍어 그림을 완성한다.

뜻풀이

가장 중요한 부분을 마치어 그 일을 끝낸다.

⭐ **아래 대화글을 소리 내어 읽어 보세요.**

 "엉뚱아! 가족 그리기 다 했어?"

 "응, 다 했어. 보여 줄게."

 "엉뚱아! 왜 너는 없어?"

 "어? 그러고 보니 나를 안 그렸네?"

 "네가 이 그림의 **화룡점정**이구나."

 "그게 무슨 말이야?"

 "너를 그려 넣어야 비로소 가족 그리기가 완성된다는 말이야."

畫 그림 화   龍 용 룡   點 점찍을 점   睛 눈동자 정

| 화 | 룡 | 점 | 정 | 화 | 룡 | 점 | 정 | 화 | 룡 | 점 | 정 |

★ **뜻 채우고 따라 쓰기** 소리 내어 읽으며 반듯하게 쓰세요.

한자 뜻

용	을		그	린		뒤				를
찍	어		그	림	을		완	성	한	다	.

뜻풀이

가	장		중	요	한		부	분	을		마	치
어		그		일	을			낸	다	.

★ **문장력 기르기** 사자성어를 넣어 이야기를 완성하세요.

설날에는 친척들이 모여 맛있는 것을 먹고, 이야기도 나눈다. 그러나 뭐니 뭐니 해도 설날의 [화   ]은 바로 윷놀이다.

★ **맞춤법 연습하기** 파란색 글자를 바르게 고쳐 쓰세요.

화룡정점   →

천고마비

天 高 馬 肥
하늘 천   높을 고   말 마   살찔 비

한자 뜻

하늘이 높고 말이 살찐다.

뜻풀이

하늘이 높게 보이고 온갖 곡식이 익어 먹을 것이 풍부한 가을철

 아래 소심이의 일기를 소리 내어 읽어 보세요.

| 20○○년 ○월 ○일 ○요일 | 날씨: 매우 맑음 |

제목: 천문대에 가다!

사실 지금은 10월 5일이 아니라 10월 6일 새벽이다.

조금 전에 천문대에서 돌아왔다. 천문대에서 천체 망원경으로 달의 울퉁불퉁한 표면을 관찰했다. 북극성도 보고 은하수도 보았는데 정말 환상적이었다.

지금이 **천고마비**의 계절인 가을이라서 그런지, 하늘이 맑아서 우주가 아주 잘 보였다.

너무 신이 나서 잠도 오지 않고, 심장이 두근거린다.

天 하늘 천　高 높을 고　馬 말 마　肥 살찔 비

| 천 | 고 | 마 | 비 | 천 | 고 | 마 | 비 | 천 | 고 | 마 | 비 |

★ **뜻 채우고 따라 쓰기**　소리 내어 읽으며 반듯하게 쓰세요.

한자 뜻

| 하 | 늘 | 이 | | 높 | 고 | | | 이 | | 살 | 찐 | 다 | . |

뜻풀이

하	늘	이						보	이	고		온	갖	V
곡	식	이		익	어		먹	을		것	이		
			가	을	철								

★ **문장력 기르기**　사자성어를 넣어 이야기를 완성하세요.

학교 도서실에서 [천 　　　　]의 계절인 가을을 맞이하여 행사를 연다.
책 10권을 읽으면 한 권을 주는 행사이다.

★ **맞춤법 연습하기**　파란색 글자를 바르게 고쳐 쓰세요.

하늘이 놉고 말이 살찐다

09 구우일모

九 牛 一 毛
아홉 구 · 소 우 · 하나 일 · 털 모

동물

한자 뜻
아홉 마리의 소 가운데 박힌 하나의 털

뜻풀이
매우 많은 것 가운데 아주 적은 수

★비슷한 속담으로 '새 발의 피'가 있어요.

⭐ 아래 이야기를 소리 내어 읽어 보세요.

야구장에 간 엉뚱이가 갑자기 투덜이에게 전화를 걸었어요.

"투덜아! 지금 빨리 텔레비전을 틀고, 10번 채널을 봐."

투덜이가 텔레비전을 틀었어요.

"엉뚱아! 지금 10번 보고 있어. 무슨 일이야?"

"지금 카메라가 이쪽을 찍고 있어. 야구장 관중석에 있는 내가 보이지?"

투덜이는 화면을 뚫어져라 쳐다봤지만 엉뚱이를 찾을 수 없었어요.

"에이, 난 또 뭐라고. 구우일모라고 저 많은 사람 중에 너를 어떻게 찾니?

나 숙제해야 하니까 전화 끊어!"

구우일모야.
전화 끊어!

⭐ **사자성어 읽고 따라 쓰기** 소리 내어 읽으며 예쁘게 쓰세요.

> 九아홉구 牛소우 一하나일 毛털모

| 구 | 우 | 일 | 모 | 구 | 우 | 일 | 모 | 구 | 우 | 일 | 모 |

⭐ **뜻 채우고 따라 쓰기** 소리 내어 읽으며 반듯하게 쓰세요.

한자 뜻	아	홉		마	리	의			가	운	데
	박	힌		하	나	의		털			

뜻풀이	매	우		많	은		것		가	운	데		아
	주					수						

⭐ **문장력 기르기** 사자성어를 넣어 이야기를 완성하세요.

형은 장난을 많이 친다. 일 년에 천 번도 넘을 것이다. 오늘처럼 내 칫솔에
치약을 잔뜩 짜 놓는 일은 형의 장난 중에서 구[　　　]일 뿐이다.

⭐ **맞춤법 연습하기** 파란색 글자를 바르게 고쳐 쓰세요.

매우 많은 것 가운대

10 군계일학

群 鷄 一 鶴
무리 군 닭 계 하나 일 학 학

한자 뜻

닭의 무리 중에 있는 한 마리의 학

뜻풀이

여러 평범한 사람 가운데 뛰어난 한 사람

★ 아래 투덜이의 일기를 소리 내어 읽어 보세요.

20○○년 ○월 ○일 ○요일 | 날씨: 바람이 불고 구름이 가득 낌

제목: 우리 중에 학은 누구?

오늘 학교에서 줄넘기 시합을 했다.

나는 모둠발로 30번을 넘었다. 소심이는 40번을, 당당이는 35번을 넘었다.

반의 다른 친구들도 거의 비슷했다. 그런데 엉뚱이만 혼자 쌩쌩이로 100번을

넘었다.

선생님께서는 **군계일학**이라며 엉뚱이를 칭찬하셨다. 엉뚱이는 정말

놀라운 친구이다.

엉뚱이가
군계일학이구나!

소리 내어 읽으며 예쁘게 쓰세요.

群 무리 군   鷄 닭 계   一 하나 일   鶴 학 학

군 계 일 학   군 계 일 학   군 계 일 학

★ 뜻 채우고 따라 쓰기   소리 내어 읽으며 반듯하게 쓰세요.

한자뜻	닭	의				중	에		있	는		한	V
	마	리	의										

뜻풀이	여	러		평	범	한		사	람		가	운	데	V
					한		사	람					

★ 문장력 기르기   사자성어를 넣어 이야기를 완성하세요.

내 짝은 키가 크고 외모도 멋지다. 옷차림도 세련되고 공부도 잘한다. 내 짝은 누가 봐도 [군   ]이다.

★ 맞춤법 연습하기   파란색 글자를 바르게 고쳐 쓰세요.

닥의 무리 ➔

1 그림과 관련된 사자성어의 뜻입니다. ☐ 안에 알맞은 낱말을 쓰세요.

보기 쥐 소 용 새 말 뱀 학

일석이조
一石二鳥

돌 한 개를 던져
☐ 두 마리를 잡는다.

용두사미
龍頭蛇尾

용의 머리와 ☐의 꼬리

마이동풍
馬耳東風

동풍이 ☐의 귀를
스쳐 간다.

화룡점정
畫龍點睛

☐을 그린 뒤 눈동자를
찍어 그림을 완성한다.

구우일모
九牛一毛

아홉 마리의 ☐ 가운데
박힌 하나의 털

2 사자성어와 알맞은 한자 뜻과 뜻풀이를 연결하세요.

닭의 무리
중에 있는
한 마리의 학

호시탐탐
虎視眈眈

아무 관련 없이
한 일로 억울하게
의심을 받는다.

까마귀가 날자
우연히
배가 떨어진다.

오비이락
烏飛梨落

여러 평범한 사람
가운데
뛰어난 한 사람

하늘이 높고
말이 살찐다.

군계일학
群鷄一鶴

남의 것을
빼앗으려고
가만히 기회를 엿본다.

호랑이가 눈을
부릅뜨고
먹이를 노려본다.

천고마비
天高馬肥

하늘이 높게 보이고
온갖 곡식이 익어
먹을 것이 풍부한
가을철

3 ☐ 안에 들어갈 사자성어로 바른 것에 ○표 하세요.

★ 구우일모 | 천고마비 라고 모래밭에서 콩알 찾기란 불가능하다.

★ 오비이락 | 군계일학 이라고 우리 형은 우리 학교에서 가장 잘생겼다.

★ 견원지간 | 마이동풍 이라고 동생은 엄마 말을 잘 듣지 않는다.

★ 화룡점정 | 호시탐탐 이라고 여름 방학의 마무리는 역시 물놀이다.

사자성어와 비슷한 뜻의 속담

⭐ 여러분이 배운 동물에 관한 사자성어와 뜻이 같거나 비슷한 속담을 알아보아요.

속담

일석이조(一石二鳥)

동시에 두 가지
이득을 본다.

꿩 먹고
알 먹는다

마이동풍(馬耳東風)

남의 말을 귀담아듣지 않고
무시하며 흘려버린다.

쇠귀에 경 읽기

오비이락(烏飛梨落)

아무 관련 없이 한 일로
억울하게 의심을 받는다.

오이밭에서는
신을 고쳐
신지 말라

구우일모(九牛一毛)

매우 많은 것 가운데
아주 적은 수

새 발의 피

자연과 관련된 사자성어

첫째 마당에서는 동물과 관련된 사자성어를 배웠어요. 그런데 사자성어 중에는 식물이나 기상 현상과 같이 자연에 대한 것도 있답니다. 둘째 마당에서는 자연과 관련된 10가지 사자성어의 뜻을 알아보고 따라 쓰며 익혀 봐요!

공부할 내용

✔ 체크해 보세요!

		들어 밨어요!	처음 들어요!
11	**청산유수 (青山流水)** 푸른 산에 흐르는 맑은 물	☐	☐
12	**타산지석 (他山之石)** 다른 산의 나쁜 돌이라도 숫돌로 쓸 수 있다.	☐	☐
13	**설상가상 (雪上加霜)** 이미 내린 눈 위에 서리가 덮인다.	☐	☐
14	**오리무중 (五里霧中)** 오 리나 되는 짙은 안개 속에 있다.	☐	☐
15	**풍전등화 (風前燈火)** 바람 앞에 놓인 등불	☐	☐
16	**청천벽력 (青天霹靂)** 맑게 갠 하늘에서 치는 날벼락	☐	☐
17	**우후죽순 (雨後竹筍)** 비가 온 뒤에 여기저기 솟는 죽순	☐	☐
18	**청출어람 (青出於藍)** 쪽에서 뽑아낸 푸른 물감이 쪽보다 더 푸르다.	☐	☐
19	**형설지공 (螢雪之功)** 반딧불·눈과 함께 하는 노력	☐	☐
20	**금지옥엽 (金枝玉葉)** 금으로 된 가지와 옥으로 된 잎	☐	☐

청산유수

青 山 流 水
푸를 청 뫼 산 흐를 유 물 수

한자 뜻

푸른 산에 흐르는 맑은 물

뜻풀이

막힘없이 술술 잘하는 말

 아래 소심이의 일기를 소리 내어 읽어 보세요.

20○○년 ○월 ○일 ○요일 　｜　 날씨: 맑음

제목: 청산유수 당당이

당당이는 정말 대단한 친구이다. 오늘 수업 시간에 우리나라 대통령 순서를 물으시는 선생님의 질문에 혼자 손을 들고 일어나 술술 읊었다.

또 어떻게 하면 엄마한테 혼나는 걸 피할 수 있을지 고민하는 투덜이에게 **청산유수** 같은 말솜씨로 방법을 말해 주었다. 내가 물어본 나눗셈 문제에도 막힘없이 대답해 주었다.

유치원 때부터 느꼈지만 정말 대단한 친구이다.

어쩌고… 저쩌고…

⭐ **사자성어 읽고 따라 쓰기** 소리 내어 읽으며 예쁘게 쓰세요.

青 푸를청   山 뫼산   流 흐를유   水 물수

청	산	유	수	청	산	유	수	청	산	유	수

⭐ **뜻 채우고 따라 쓰기** 소리 내어 읽으며 반듯하게 쓰세요.

한자뜻

푸	른		에		흐	르	는		맑	은
물										

▼ 뜻풀이를 두 번 쓰세요.

뜻풀이

막	힘	없	이			잘	하	는		말
막	힘	없	이	술	술	잘	하	는		

⭐ **문장력 기르기** 사자성어를 넣어 이야기를 완성하세요.

우리 누나를 말로 이길 사람은 아무도 없다. 누나에게 숙제를 못 한 이유를 물어 보면 [청   ] 로 백 가지 이유를 대어 엄마의 말문이 막히게 한다.

⭐ **맞춤법 연습하기** 파란색 글자를 바르게 고쳐 쓰세요.

푸른 산에 흐르는 말근 물

37

자연

12 타산지석

他 山 之 石
다를 타 | 뫼 산 | 갈 지 | 돌 석

한자 뜻

다른 산의 나쁜 돌이라도 숫돌*로 쓸 수 있다.

뜻풀이

다른 사람의 잘못에서도 교훈을 얻을 수 있다.

* 숫돌: 칼이나 낫 따위의 연장을 갈아 날을 세우는 데 쓰는 돌

⭐ **아래 이야기를 소리 내어 읽어 보세요.**

비가 주룩주룩 내리는 날 아침이었어요. 투덜이가 아침밥을 먹고 있는데, 먼저 출발했던 누나가 다시 돌아왔어요. 그런데 물에 빠진 생쥐처럼 홀딱 젖어 있었어요.

엄마는 투덜이에게 말씀하셨어요.

"비가 쏟아질 테니 우산을 가져가라는 내 말을 안 듣다가 저렇게 되었잖니. 너는 누나 일을 **타산지석**으로 삼아라. 앞으로 엄마 말 잘 듣고."

누나 일을 **타산지석**으로 삼아라.

⭐ **사자성어 읽고 따라 쓰기** 소리 내어 읽으며 예쁘게 쓰세요.

他 다를 타   山 뫼 산   之 갈 지   石 돌 석

| 타 | 산 | 지 | 석 | 타 | 산 | 지 | 석 | 타 | 산 | 지 | 석 |

⭐ **뜻 채우고 따라 쓰기** 소리 내어 읽으며 반듯하게 쓰세요.

한자 뜻

| 다 | 른 | | 산 | 의 | | 나 | 쁜 | | | 이 | 라 | 도 | V |
| 숫 | 돌 | 로 | | 쓸 | | 수 | | 있 | 다 | . | | | |

뜻풀이

| 다 | 른 | | 사 | 람 | 의 | | 잘 | 못 | 에 | 서 | 도 | |
| | | 을 | | 얻 | 을 | | 수 | | 있 | 다 | . | |

⭐ **문장력 기르기** 사자성어를 넣어 이야기를 완성하세요.

형은 실컷 놀다가 시험에서 빵점을 맞고, 결국 용돈이 깎였다. 나는 형의 일을
[타   ] 으로 삼아, 열심히 공부해서 백 점을 맞았다. 엄마는 내
용돈을 올려 주셨다.

⭐ **맞춤법 연습하기** 파란색 글자를 바르게 고쳐 쓰세요.

| 교운을 얻을 수 있다 | | |

39

13 설상가상

雪 上 加 霜
눈 설 위 상 더할 가 서리 상

한자 뜻

이미 내린 눈 위에 서리가 덮인다.

뜻풀이

힘든 일이 일어났는데, 또 힘든 일이 일어난다.

★비슷한 속담으로 '산 넘어 산이다'와 '엎친 데 덮치다'가 있어요.

⭐ 아래 만화를 소리 내어 읽어 보세요.

엄마! 도착하려면 아직 멀었어요?

아직 멀었어! 차가 너무 막힌다.

할머니가 기다리실 텐데….

아이고! 눈보라까지 치네.

뭐야? 설상가상이라고? 큰일 났군. 큰일 났어!

너희 아빠는 잠꼬대도 어찌 저리 멋지게 한다니?

雪 눈설　上 위상　加 더할가　霜 서리상

| 설 | 상 | 가 | 상 | | 설 | 상 | 가 | 상 | | 설 | 상 | 가 | 상 |

☆ **뜻 채우고 따라 쓰기** 소리 내어 읽으며 반듯하게 쓰세요.

한자 뜻

| 이 | 미 | | 내 | 린 | | | | 위 | 에 | | |
| 가 | | 덮 | 인 | 다 | . |

뜻풀이

| 힘 | 든 | | 일 | 이 | | 일 | 어 | 났 | 는 | 데 | , | | 또 | ∨ |
| | | | 일 | 이 | | 일 | 어 | 난 | 다 | . |

☆ **문장력 기르기** 사자성어를 넣어 이야기를 완성하세요.

늦잠을 자서 학교에 지각했다. 설〔　　　　〕으로 어젯밤에 열심히
해 놓은 숙제까지 놓고 왔다. 오늘은 정말 운이 나쁜 날이다.

☆ **맞춤법 연습하기** 파란색 글자를 바르게 고쳐 쓰세요.

눈 위에 서리가 덥힌다

14 오리무중

五 里 霧 中
다섯 오 거리 리 안개 무 가운데 중

한자 뜻

오 리*나 되는 짙은 안개 속에 있다.

뜻풀이

어떤 일에 대해 방향을 잡을 수 없어 막막하다.

* '리'는 거리의 단위인데, 1리는 약 0.393km에 해당해요.
오 리는 약 2km인 셈이니 꽤 먼 거리지요.

⭐ 아래 대화를 소리 내어 읽어 보세요.

 "소심아! 내가 빌려준 만화책 다 봤으면 돌려줘."

 "아, 그 만화책? 당당이가 자기도 보고 싶다고 해서 빌려줬어."

 "당당아, 소심이가 빌려준 만화책 다 봤지? 이제 돌려줘."

 "어, 그 만화책 다 보고 투덜이에게 줬는데? 투덜이가 너에게 전해
준다고 해서 말이야. 그렇지, 투덜아?"

 "뭐라고? 난 받은 기억이 없는데?"

 "어떻게 된 거야? 그러면 엉뚱이 만화책은 어디 있는 거지?"

 "맙소사, 내 만화책의 행방이 **오리무중**이야!"

★ **사자성어 읽고 따라 쓰기** 소리 내어 읽으며 예쁘게 쓰세요.

> 五 다섯 오   里 거리 리   霧 안개 무   中 가운데 중

오	리	무	중	오	리	무	중	오	리	무	중

★ **뜻 채우고 따라 쓰기** 소리 내어 읽으며 반듯하게 쓰세요.

한자 뜻

오		리	나		되	는		짙	은			V
속	에		있	다	.							

뜻풀이

어	떤		일	에		대	해				을
잡	을		수		없	어		막	막	하	다	.

★ **문장력 기르기** 사자성어를 넣어 이야기를 완성하세요.

> 내 '호주머니 괴물' 카드 통을 누가 가져갔다. 언니도, 오빠도 다 모른다고만 하지만 둘 다 의심스럽다. 누가 범인인지 아직도 [오　　　　]이다.

★ **맞춤법 연습하기** 파란색 글자를 바르게 고쳐 쓰세요.

짙은 안게 속에 있다		

15 풍전등화

風	前	燈	火
바람 풍	앞 전	등잔 등	불 화

한자 뜻

바람 앞에 놓인 등불

뜻풀이

매우 위태로운 처지에 놓인 사물이나 사람

★비슷한 속담으로 '바람받이에 선 촛불'이 있어요.

⭐ **아래 두 편지를 소리 내어 읽어 보세요.**

당당아!

내가 지금 매우 위태로운 처지에 놓여 있어. 그저께 국어 단원평가에서 40점을 받았어. 어제는 수학 단원평가에서 35점을 받았고. 그리고 오늘은 과학 시험에서 30점을 받았지 뭐니. 내일이면 부모님께서 이 모든 사실을 알게 되실 테니 지금 나의 목숨은 **풍전등화**나 마찬가지야. 어떻게 하면 좋을까?

너의 불쌍한 친구, 엉뚱이

엉뚱아!

정말 가슴이 조마조마하겠구나. 오늘 밤에 부모님께 사실대로 말씀드려. 그게 네가 살 길이야!

너의 진정한 친구, 당당이

⭐ **사자성어 읽고 따라 쓰기** 소리 내어 읽으며 예쁘게 쓰세요.

風 바람 풍   前 앞 전   燈 등잔 등   火 불 화

풍 전 등 화   풍 전 등 화   풍 전 등 화

⭐ **뜻 채우고 따라 쓰기** 소리 내어 읽으며 반듯하게 쓰세요.

▼ 한자 뜻을 두 번 쓰세요.

한자뜻	바 람		앞 에	놓 인	
			앞 에	놓 인	등 불

뜻풀이	매 우			처 지 에	놓
	인	사 물 이 나	사 람		

⭐ **문장력 기르기** 사자성어를 넣어 이야기를 완성하세요.

1900년대 초 조선의 처지는 풍⬚⬚⬚ 와 같았다. 힘센 나라들이
조선을 통째로 집어삼키려고 해서 당장이라도 나라가 망할 지경이었다.

⭐ **맞춤법 연습하기** 파란색 글자를 바르게 고쳐 쓰세요.

바람 압에 노인 등불

16 청천벽력

青	天	霹	靂
푸를 청	하늘 천	벼락 벽	벼락 력

한자 뜻

맑게 갠 하늘에서 치는 날벼락

뜻풀이

뜻밖에 일어난 큰 불행이나 사고

★비슷한 속담으로 '마른하늘에 날벼락'이 있어요.

⭐ 아래 대화를 소리 내어 읽어 보세요.

"너희 숙제는 다 하고 게임하는 거니?"

"엄마, 게임 조금만 하고 숙제할게요."

"맞아요, 금방 끝나요. 잠시만요, 네?"

"너희 정말 안되겠구나! 지금부터 숙제 안 한 사람은 게임은 물론, 다음 주에 가기로 한 게임 박람회도 못 가게 될 줄 알아!"

"앗, 이게 무슨 **청천벽력** 같은 소리세요!"

"저희가 그 박람회에 얼마나 가고 싶어 하는데요!"

"그러기에 알아서들 잘하지 그랬니."

⭐ **사자성어 읽고 따라 쓰기** 소리 내어 읽으며 예쁘게 쓰세요.

青 푸를 청   天 하늘 천   霹 벼락 벽   靂 벼락 력

| 청 | 천 | 벽 | 력 | 청 | 천 | 벽 | 력 | 청 | 천 | 벽 | 력 |

⭐ **뜻 채우고 따라 쓰기** 소리 내어 읽으며 반듯하게 쓰세요.

한자 뜻

| 맑 | 게 | | 갠 | | | 에 | 서 | | 치 | 는 |
| | | | | | | | | | | |

뜻풀이

| 뜻 | 밖 | 에 | | 일 | 어 | 난 | | 큰 | | | 이 |
| 나 | | 사 | 고 | | | | | | | | |

⭐ **문장력 기르기** 사자성어를 넣어 이야기를 완성하세요.

건강하시던 할아버지께서 갑자기 쓰러지셨다. 소식을 들은 엄마는 이 무슨

청 [   ] 같은 소리냐며 허둥지둥 병원으로 달려가셨다.

⭐ **맞춤법 연습하기** 파란색 글자를 바르게 고쳐 쓰세요.

맑게 갠 하늘에서

47

17 우후죽순

雨	後	竹	筍
비 우	뒤 후	대나무 죽	죽순 순

자연

한자 뜻

비가 온 뒤에 여기저기 솟는 죽순*

뜻풀이

어떤 일이 한때에 많이 생겨난다.

★비슷한 속담으로 '장마에 논둑 터지듯'이 있어요.

* 죽순: 대나무의 땅속줄기에서 솟아난 어린싹

⭐ 아래 소심이의 일기를 소리 내어 읽어 보세요.

20○○년 ○월 ○일 ○요일	날씨: 맑음

제목: 우후죽순 생겨난 인형 뽑기 기계

요즘 동네 아이들에게 인형 뽑기가 인기다. 그래서인지 가게마다 입구에 인형 뽑기 기계를 들여놓았다.

엄마는 지나가면서 "인형 뽑기 기계가 우후죽순 생겨났구나!" 하셨다.

나는 그게 무슨 말이냐고 물었다. 엄마는 비가 온 뒤에 여기저기 죽순이 솟아나듯 어떤 일이 갑자기 많이 생겨난 것을 표현하는 말이라고 하셨다.

그러자 아빠가 "내 머리카락도 **우후죽순** 솟아나면 좋겠다!"라고 하셔서 우리는 한바탕 웃었다.

☆ **사자성어 읽고 따라 쓰기** 소리 내어 읽으며 예쁘게 쓰세요.

雨 비 우   後 뒤 후   竹 대나무 죽   筍 죽순 순

우 후 죽 순   우 후 죽 순   우 후 죽 순

☆ **뜻 채우고 따라 쓰기** 소리 내어 읽으며 반듯하게 쓰세요.

한자 뜻

비 가   온   뒤 에

솟 는   죽 순

뜻풀이

어 떤   일 이   한 때 에

생 겨 난 다 .

☆ **문장력 기르기** 사자성어를 넣어 이야기를 완성하세요.

소나기가 내린 뒤 텃밭에는 [우   ] 으로 싹이 텄다.

그리고 며칠이 지나자 텃밭은 온통 초록으로 뒤덮였다.

☆ **맞춤법 연습하기** 파란색 글자를 바르게 고쳐 쓰세요.

여기저기 솥는 죽순

자연

18 청출어람

青	出	於	藍
푸를 **청**	날 **출**	어조사 **어**	쪽 **람**

한자 뜻

쪽[*]에서 뽑아낸 푸른 물감이 쪽보다 더 푸르다.

뜻풀이

배운 사람이 가르쳐 준 사람보다 낫다.

★비슷한 속담으로 '나중 난 뿔이 우뚝하다'가 있어요.

* 쪽: 여름에 붉은 꽃이 피는 식물로 잎은 천을 파랗게 물들일 때 사용함.

★ 아래 대화를 소리 내어 읽어 보세요.

 "엉뚱아! 네 동생이 너한테 훌라후프를 배웠니?"

 "맞아, 엉터리지?"

 "그 반대야. 내 동생이 그러는데, 유치원에서 네 동생이 훌라후프를 백 개나 하더래."

 "오! 진짜? 나는 열 개가 기록인데, **청출어람**이구나!"

 "그게 무슨 말이야?"

 "선생님보다 학생이 낫다는 뜻이야. 나보다 동생이 낫다는 말이지."

 "정말 그러네!"

青 푸를 청   出 날 출   於 어조사 어   藍 쪽 람

| 청 | 출 | 어 | 람 | 청 | 출 | 어 | 람 | 청 | 출 | 어 | 람 |

☆ **뜻 채우고 따라 쓰기** 소리 내어 읽으며 반듯하게 쓰세요.

한자뜻

| 쪽 | 에 | 서 | | 뽑 | 아 | 낸 | | | | 물 | 감 |
| 이 | | 쪽 | 보 | 다 | | 더 | | | | | . |

뜻풀이

| 배 | 운 | | 사 | 람 | 이 | | 가 | 르 | 쳐 | | 준 |
| 사 | 람 | 보 | 다 | | | | | | . | | |

☆ **문장력 기르기** 사자성어를 넣어 이야기를 완성하세요.

나는 엄마한테 바둑을 배웠다. 두 달이 지나자 내 실력은 엄마 실력을
뛰어넘었다. 엄마는 [청   ]이라며 나를 자랑스러워하셨다.

☆ **맞춤법 연습하기** 파란색 글자를 바르게 고쳐 쓰세요.

| 가르쳐 준 사람보다 낮다 | | |

형설지공

螢雪之功
반딧불 형 · 눈 설 · ~의 지 · 노력 공

한자 뜻

반딧불·눈과 함께 하는 노력

뜻풀이

어려움을 딛고 꾸준히 공부하는 자세

⭐ **아래 이야기를 소리 내어 읽어 보세요.**

등굣길에 투덜이와 당당이가 만났어요. 투덜이는 한숨을 쉬며 말했어요.

"어젯밤에 정전이 되어서 구구단을 못 외웠어. 너희 동도 전기가 나갔지?"

당당이는 문제없다는 듯 대꾸했어요.

"그렇기는 했지. 하지만 나는 손전등으로 구구단 표를 비추고 외웠어.
손전등 불빛에 달빛까지 더해져 구구단을 외우는 데 지장이 없던데?"

투덜이는 감탄하며 외쳤어요.

"반딧불과 눈에 비친 달빛으로 공부한다더니 그게 바로 너구나!"

당당이가 말했어요.

"그래, **형설지공**의 마음으로 외우니까 금방 외워지더라."

螢 반딧불형   雪 눈설   之 ~의지   功 노력공

| 형 | 설 | 지 | 공 | 형 | 설 | 지 | 공 | 형 | 설 | 지 | 공 |

⭐ **뜻 채우고 따라 쓰기** 소리 내어 읽으며 반듯하게 쓰세요.

한자뜻
| 반 | 딧 | 불 | · | | 과 | | 함 | 께 | | 하 | 는 |
| 노 | 력 | | | | | | | | | | |

뜻풀이
| 어 | 려 | 움 | 을 | | 딛 | 고 | | 꾸 | 준 | 히 | | |
| | 하 | 는 | | 자 | 세 | | | | | | | |

⭐ **문장력 기르기** 사자성어를 넣어 이야기를 완성하세요.

아빠는 퇴근 후 밤마다 한식 조리사 자격증 시험공부를 하셨다. 형

으로 공부하더니 결국 합격하셨다. 아빠가 정말 자랑스럽다.

⭐ **맞춤법 연습하기** 파란색 글자를 바르게 고쳐 쓰세요.

꾸준이 공부하는 자새

53

20 금지옥엽

金	枝	玉	葉
쇠 금	가지 지	구슬 옥	나뭇잎 엽

한자 뜻

금으로 된 가지와 옥으로 된 잎

뜻풀이

임금의 가족을 높여 이르는 말 또는 귀한 자손

⭐ 아래 소심이의 일기를 소리 내어 읽어 보세요.

20○○년 ○월 ○일 ○요일	날씨: 흐림

제목: 금지옥엽 사촌 동생

오늘은 사촌 동생 금쪽이의 돌잔치가 있었다. 이모는 결혼을 늦게 하셨다.

그래서 마흔 살에 금쪽이를 낳으셨다.

이모부는 올해 쉰 살이시다. 금쪽이가 태어나기 전에는 외가에서 가장 어린

아이가 나였다. 그래서 이전까지는 내가 어른들의 사랑을 모두 독차지했다.

그런데 금쪽이가 태어나자 다들 금쪽이를 **금지옥엽**으로 대하셨다.

마침내 나에게도 동생이 생겨서 기쁘기도 했지만, 관심을 뺏긴 것 같아서

조금은 섭섭하다.

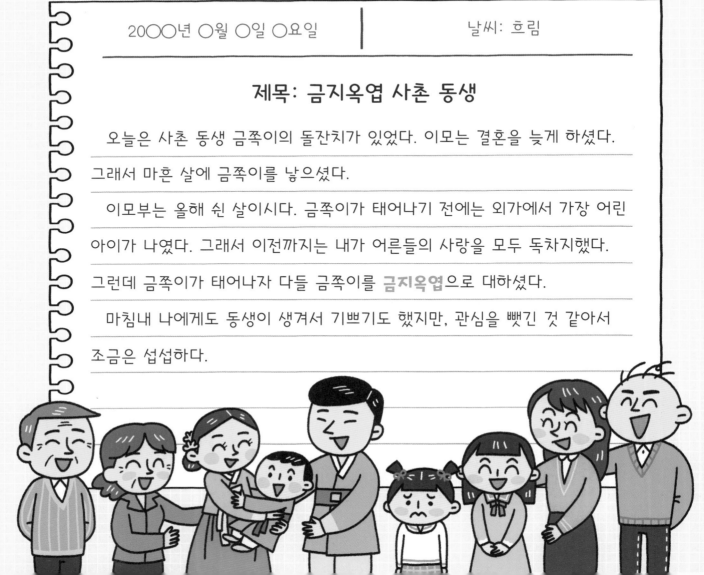

金 쇠금 枝 가지 지 玉 구슬 옥 葉 나뭇잎 엽

| 금 | 지 | 옥 | 엽 | 금 | 지 | 옥 | 엽 | 금 | 지 | 옥 | 엽 |

★ **뜻 채우고 따라 쓰기** 소리 내어 읽으며 반듯하게 쓰세요.

한자 뜻

| 금 | 으 | 로 | | 된 | | | | 와 | | | 으 | 로 | V |
| 된 | | 잎 | | | | | | | | | | | |

뜻풀이

| 임 | 금 | 의 | | 가 | 족 | 을 | | 높 | 여 | | 이 | 르 |
| 는 | | 말 | | 또 | 는 | | | | | | 자 | 손 |

★ **문장력 기르기** 사자성어를 넣어 이야기를 완성하세요.

우리 엄마는 외동딸이고 우리 아빠도 외동아들이다. 그리고 나도 외동이다.
그래서 할머니, 할아버지들이 나를 볼 때마다 [금]이라고
하시나 보다.

★ **맞춤법 연습하기** 파란색 글자를 바르게 고쳐 쓰세요.

금으로 됀 가지

55

1 그림과 관련된 사자성어의 뜻입니다. ☐ 안에 알맞은 낱말을 쓰세요.

돌   눈   비   산   물   잎   풀

청산유수
青山流水

푸른 산에 흐르는 맑은 ☐

타산지석
他山之石

다른 산의 나쁜 ☐이라도
숫돌로 쓸 수 있다.

설상가상
雪上加霜

이미 내린 ☐ 위에
서리가 덮인다.

우후죽순
雨後竹筍

☐가 온 뒤에
여기저기 솟는 죽순

금지옥엽
金枝玉葉

금으로 된 가지와
옥으로 된 ☐

2 사자성어와 알맞은 한자 뜻과 뜻풀이를 연결하세요.

오 리나 되는 짙은 안개 속에 있다.	**오리무중** 五里霧中	어려움을 딛고 꾸준히 공부하는 자세
반딧불·눈과 함께 하는 노력	**청출어람** 青出於藍	어떤 일에 대해 방향을 잡을 수 없어 막막하다.
쪽에서 뽑아낸 푸른 물감이 쪽보다 더 푸르다.	**형설지공** 螢雪之功	뜻밖에 일어난 큰 불행이나 사고
맑게 갠 하늘에서 치는 날벼락	**청천벽력** 青天霹靂	배운 사람이 가르쳐 준 사람보다 낫다.

3 ☐ 안에 들어갈 사자성어로 바른 것에 ○표 하세요.

★ 내 동생은 나랑 싸울 때 청산유수 풍전등화 로 말한다.

★ 갑자기 놀이터를 없앤다니 청출어람 청천벽력 같은 소리다.

★ 내 신발주머니가 어디로 사라졌는지 타산지석 오리무중 이다.

★ 급하게 들어간 화장실에 형설지공 설상가상 으로 휴지가 없었다.

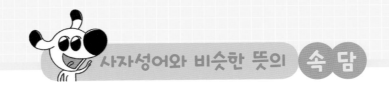

사자성어와 비슷한 뜻의 속담

⭐ 여러분이 배운 자연에 관한 사자성어와 뜻이 같거나 비슷한 속담을 알아보아요.

속담

청천벽력(靑天霹靂)

뜻밖에 일어난
큰 불행이나 사고

마른하늘에
날벼락

설상가상(雪上加霜)

힘든 일이 일어났는데,
또 힘든 일이 일어난다.

산 넘어
산이다

우후죽순(雨後竹筍)

어떤 일이
한때에 많이 생겨난다.

장마에
논둑 터지듯

풍전등화(風前燈火)

매우 위태로운 처지에
놓인 사물이나 사람

바람받이에 선
촛불

58

사람과 관련된 사자성어

첫째 마당에서는 동물과 관련된 사자성어를, 둘째 마당에서는 자연과 관련된 사자성어를 배웠어요. 셋째 마당에서는 사람과 관련된 10가지 사자성어의 뜻을 알아보고 따라 쓰며 익혀 봐요.

21 우공이산

사람

愚	公	移	山
어리석을 우	노인 공	옮길 이	뫼 산

한자 뜻

어리석은 노인이 산을 옮긴다.

뜻풀이

어떤 일이든 끊임없이 노력하면
반드시 이루어진다.

★비슷한 속담으로 '미련이 담벼락 뚫는다'가 있어요.

 아래 신문 기사를 소리 내어 읽어 보세요.

바쁜 초등학생이 즐거워지는 빠른 신문 [바빠 신문]

인도네시아의 '우공이산', 24년 동안 나무 심어

[바빠 신문] 입력: 20△△년 △월 △일 | 최영똥 기자(funnychoi@bappanews.com)

인도네시아에서 24년 동안 매일 나무를 심은 남성이 있어 화제이다.

과거 산불로 마을이 잿더미가 되자 주인공 사디만은 뿌리가 깊어 물을 잘 저장하는 '반얀나무'를 심기로 결심했다고 한다. 그는 "나무를 심기 위해 염소를 판 적도 있답니다."라며 웃었다. 처음에 마을 사람들은 그를 어리석다며 비웃었다.

그러나 24년이 지난 지금은 반얀나무 숲 덕분에 마을의 땅은 물기를 잘 머금어 농사가 더 잘된다. 이제 마을 사람들은 **우공이산**의 노력으로 숲을 일궈 낸 사디만을 ' 영웅'이라고 부른다. 사디만은 "나는 앞으로도 계속 나무를 심을 것입니다. 제발 숲에 불을 내지 마십시오."라며 당부했다.

愚 어리석을 우   公 노인공   移 옮길 이   山 뫼 산

우	공	이	산		우	공	이	산		우	공	이	산

★ **뜻 채우고 따라 쓰기** 소리 내어 읽으며 반듯하게 쓰세요.

한자뜻	어	리	석	은				이		산	을		
			.										

뜻풀이	어	떤		일	이	든					노
	력	하	면		반	드	시				.

★ **문장력 기르기** 사자성어를 넣어 이야기를 완성하세요.

나는 이번 방학 때 꼭 천자문을 외우고 싶다. 엄마는 [우   ]의
자세로 도전하면 가능할 것이라고 응원해 주셨다.

★ **맞춤법 연습하기** 파란색 글자를 바르게 고쳐 쓰세요.

끈임업씨 노력하면 ➡

22 팔방미인

사람

한자 뜻

어느 방향에서 보아도 아름다운 사람

뜻풀이

여러 가지를 능숙하게 잘하는 사람

⭐ 아래 당당이의 소개글을 소리 내어 읽어 보세요.

제목: 사랑하는 우리 가족

우리 가족을 소개합니다. 아빠는 앞머리가 좀 벗겨지셨지만, 친절하십니다.

엄마는 배가 좀 나오셨지만, 피부가 고우십니다.

우리 언니는 피아노도 잘 치고, 그림도 잘 그리고, 공부도 잘하며, 축구도

잘해서 **팔방미인**이라고 소문이 났습니다.

음, 오빠에 대해서는 별로 말하고 싶지 않습니다. 요즘 사춘기라서 좀

그렇습니다. 그리고 제 동생은 얼굴이 귀엽습니다.

우리 가족은 서로를 많이 사랑합니다.

팔방미인

八 여덟 팔　方 방향 방　美 아름다울 미　人 사람 인

| 팔 | 방 | 미 | 인 | 팔 | 방 | 미 | 인 | 팔 | 방 | 미 | 인 |

⭐ **뜻 채우고 따라 쓰기** 소리 내어 읽으며 반듯하게 쓰세요.

| 한자뜻 | 어 | 느 | | 에 | 서 | | 보 | 아 | 도 | | 아 |
| | 름 | 다 | 운 | | 사 | 람 | | | | | |

| 뜻풀이 | 여 | 러 | | 가 | 지 | 를 | | | 잘 |
| | 하 | 는 | | 사 | 람 | | | | |

⭐ **문장력 기르기** 사자성어를 넣어 이야기를 완성하세요.

우리 막내 이모는 [팔]이다. 고장 난 자동차를 잘 고치고,
엄마가 망친 불고기도 맛있게 다시 요리하고, 떼쓰는 내 동생도 잘 달랜다.
단, 남자 친구는 없다.

⭐ **맞춤법 연습하기** 파란색 글자를 바르게 고쳐 쓰세요.

어느 방양에서 보아도　➡

23 동문서답

東	問	西	答
동쪽 **동**	물을 **문**	서쪽 **서**	대답할 **답**

한자 뜻

동쪽을 묻는데 서쪽을 답한다.

뜻풀이

묻는 말에 맞지 않는 엉뚱한 대답

⭐ **아래 이야기를 소리 내어 읽어 보세요.**

어느 날 아침 엉뚱이의 형이 화장실에 들어간 뒤로 계속 나오지 않았어요. 등교 시간은 점점 가까워져 왔지요. 설사가 나올 것 같아서 화장실에 가야 했던 엉뚱이는 식은땀을 흘리며 화장실 문을 두드렸어요.

"형! 언제 나올 거야?"

그러자 형은 **동문서답**을 했어요.

"너 먼저 학교에 가."

"그러니까 언제 나올 거냐고?"

"그래, 나도 사랑해!"

도저히 대화가 통하지 않았던 엉뚱이는 결국 같은 아파트에 사는 친구네 집 화장실에서 볼일을 본 뒤 서둘러 학교에 갔답니다.

☆ **사자성어 읽고 따라 쓰기** 소리 내어 읽으며 예쁘게 쓰세요.

東 동쪽 동   問 물을 문   西 서쪽 서   答 대답할 답

| 동 | 문 | 서 | 답 | 동 | 문 | 서 | 답 | 동 | 문 | 서 | 답 |

☆ **뜻 채우고 따라 쓰기** 소리 내어 읽으며 반듯하게 쓰세요.

한자 뜻

| 동 | 쪽 | 을 | | 묻 | 는 | 데 | | | | 을 | | 답 |
| 한 | 다 | . |

뜻풀이

| 묻 | 는 | | 말 | 에 | | 맞 | 지 | | 않 | 는 | | |
| | | | 대 | 답 |

☆ **문장력 기르기** 사자성어를 넣어 이야기를 완성하세요.

나는 누나에게 "런던의 수도가 어디야?"라고 물었다. 누나는 "역시, 너는 나를 닮아서 똑똑한 거야."라고 ⎡ 동   ⎤ 하며 딴청을 피웠다.

☆ **맞춤법 연습하기** 파란색 글자를 바르게 고쳐 쓰세요.

묻는 말에 맞지 안는 엉뚱한 대답

24 인산인해

人	山	人	海
사람 인	뫼 산	사람 인	바다 해

한자 뜻

사람이 산을 이루고 바다를 이룬 상태

뜻풀이

사람이 수없이 많이 모인 상태

⭐ 아래 소심이의 일기를 소리 내어 읽어 보세요.

20○○년 ○월 ○일 ○요일	날씨: 하늘이 맑고 푸름

제목: 신나는 어촌 마을 행사

오늘 우리 가족은 동해 바닷가에 놀러 갔다. 한 어촌 마을에서 오징어 잡기 체험 행사를 하고 있었다.

우리는 아빠를 졸라 오징어 잡기 체험을 신청했다. 바닷가는 행사에 참여하는 관광객으로 **인산인해**를 이루고 있었다.

나는 오징어를 쫓아다녔다. 만질 때 미끈미끈한 게 신기하고 재미있었다. 언니는 오징어를 다섯 마리나 잡았다. 오징어 잡기를 한 뒤에는 오징어 먹물로 글씨 쓰기도 했다. 참 신나는 하루였다.

人 사람 인   山 뫼 산   人 사람 인   海 바다 해

| 인 | 산 | 인 | 해 | | 인 | 산 | 인 | 해 | | 인 | 산 | 인 | 해 |

⭐ **뜻 채우고 따라 쓰기** 소리 내어 읽으며 반듯하게 쓰세요.

한자 뜻

사	람	이		을		이	루	고		
를		이	룬		상	태				

뜻풀이

사	람	이		수	없	이				모	인	∨
상	태											

⭐ **문장력 기르기** 사자성어를 넣어 이야기를 완성하세요.

우리 가족은 어린이날을 맞아 놀이공원에 갔다. 우리처럼 나들이를 온 사람들로 놀이공원은 인[   ]를 이루었다.

⭐ **맞춤법 연습하기** 파란색 글자를 바르게 고쳐 쓰세요.

사람이 수없이 마니 모인

67

25 작심삼일

사람

作	心	三	日
지을 작	마음 심	석 삼	날 일

한자 뜻

마음먹은 것이 사흘*을 넘기지 못한다.

뜻풀이

결심한 것을 오래 지키지 못하고 포기한다.

*사흘: 세 날, 4일이 아닌 3일을 말함.

 아래 투덜이의 일기를 소리 내어 읽어 보세요.

20○○년 ○월 ○일 ○요일 | 날씨: 비가 내림

제목: '작심삼일' 우리 형

우리 형은 무엇을 하든 사흘을 못 넘긴다. 1월에는 바둑 학원을 보내

달래더니 하루 가고 다음 날부터 어렵다며 안 갔다. 2월에는 태권도를 보내

달래더니 이틀 가고 사흘째부터 힘들다며 안 갔다. 3월에는 영어 학원을 보내

달래더니 사흘째부터 숙제가 많다며 안 갔다.

오늘은 엄마한테 피아노를 배우고 싶다고 조르고 있다. 엄마는 **작심삼일**이

뻔하다며 안 된다고 하셨다. 내가 봐도 그렇다.

⭐ **사자성어 읽고 따라 쓰기** 소리 내어 읽으며 예쁘게 쓰세요.

作 지을작   心 마음심   三 석삼   日 날일

작 심 삼 일   작 심 삼 일   작 심 삼 일

⭐ **뜻 채우고 따라 쓰기** 소리 내어 읽으며 반듯하게 쓰세요.

한자 뜻

마 음 먹 은   것 이 [   ] 을   넘
기 지   못 한 다 .

뜻풀이

결 심 한   것 을   오 래   지 키 지 ∨
못 하 고 [   ] 한 다 .

⭐ **문장력 기르기** 사자성어를 넣어 이야기를 완성하세요.

아빠는 오늘부터 금연하기로 하셨다. 엄마는 아빠를 도와주려고 껌을 잔뜩
사 오셨다. 아빠의 금연 약속이 [작   ] 로 끝나지 말아야 할 텐데.

⭐ **맞춤법 연습하기** 파란색 글자를 바르게 고쳐 쓰세요.

사을을 넘기지 못한다

69

26 안하무인

眼	下	無	人
눈 안	아래 하	없을 무	사람 인

한자 뜻

눈 아래에 사람이 없다.

뜻풀이

교만*하여 다른 사람을 함부로 대한다.

★비슷한 속담으로 '못된 음식이 뜨겁기만 하다'가 있어요.

* 교만: 잘난 체하며 뽐내고 건방짐.

⭐ **아래 만화를 소리 내어 읽어 보세요.**

⭐ **사자성어 읽고 따라 쓰기** 소리 내어 읽으며 예쁘게 쓰세요.

眼 눈 안   下 아래 하   無 없을 무   人 사람 인

안 하 무 인   안 하 무 인   안 하 무 인

⭐ **뜻 채우고 따라 쓰기** 소리 내어 읽으며 반듯하게 쓰세요.

▼ 한자 뜻을 두 번 쓰세요.

한자 뜻

| 눈 | | | 에 | 사 | 람 | 이 | | 없 | 다 | . |
| 눈 | 아 | 래 | 에 | 사 | 람 | 이 | | | | . |

뜻풀이

| 교 | 만 | 하 | 여 | | 다 | 른 | | 사 | 람 | 을 | |
| | | | 대 | 한 | 다 | . |

⭐ **문장력 기르기** 사자성어를 넣어 이야기를 완성하세요.

우리 반에 전학생이 왔는데, 덩치가 아주 크다. 친구들을 함부로 대하고
선생님께도 대들며 ⟨ 안　　　　　 ⟩ 으로 행동한다. 정말 골칫거리다.

⭐ **맞춤법 연습하기** 파란색 글자를 바르게 고쳐 쓰세요.

눈 아레에 사람이 업다

27 이구동성

異	口	同	聲
다를 이	입 구	같을 동	소리 성

 한자 뜻

입은 다르나 목소리는 같다.

뜻풀이

여러 사람이 하는 말이 하나로 같다.

힘내세요!

⭐ 아래 신문 기사를 소리 내어 읽어 보세요.

바쁜 초등학생이 즐거워지는 빠른 신문 [바빠 신문]

90% 어린이, '이구동성'으로 학습 만화 찬성해

[바빠 신문] 입력: 20△△년 △월 △일 | 최엉뚱 기자(funnychoi@bappanews.com)

바빠 초등학교에서 "학습 만화, 읽어도 되나?"라는 주제로 토론 대회가 열려 화제이다. 반대 의견을 낸 전당당 어린이는 "학습 만화에 나오는 인물의 장난을 친구들이 따라 할 수 있다."라며 걱정했다.

그러나 90%나 되는 어린이들이 **이구동성**으로 찬성 의견을 냈다. 김투덜 어린이는 "많은 친구가 책 읽는 것을 싫어하는데, 학습 만화라도 읽어야 정보를 얻고 글 읽는 연습을 하게 된다."라고 말해 박수를 받았다.

교육 전문가들은 이번 토론 대회로 어린이들이 '학습 만화의 장단점'에 대해 깊이 생각하는 기회가 될 것이라고 평가했다.

장난을 따라 할 수 있어서, 반대!

학습 만화라도 읽어야 하니, 찬성!

異 다를 이   口 입 구   同 같을 동   聲 소리 성

이 구 동 성   이 구 동 성   이 구 동 성

☆ **뜻 채우고 따라 쓰기** 소리 내어 읽으며 반듯하게 쓰세요.

| 한자뜻 | 입 | 은 | | 다 | 르 | 나 | | | | 는 | | 같 |
| | 다 | . | | | | | | | | | | |

| 뜻풀이 | 여 | 러 | | 사 | 람 | 이 | | 하 | 는 | | 말 | 이 |
| | | | | 로 | | 같 | 다 | . | | | | |

☆ **문장력 기르기** 사자성어를 넣어 이야기를 완성하세요.

오랜만에 아빠가 휴가를 내셨다. 아빠는 어디로 놀러 가면 좋을지 물으셨다.

우리는 [이   ] 으로 "캠핑장!"이라고 외쳤다.

☆ **맞춤법 연습하기** 파란색 글자를 바르게 고쳐 쓰세요.

목쏘리는 같다

73

새옹지마

塞 翁 之 馬
변방 새 | 늙은이 옹 | ~의 지 | 말 마

한자 뜻

변방*에 사는 늙은이의 말

뜻풀이

인생은 변화가 많아서 앞날을 예상하기 어렵다.

* 변방: 나라의 경계가 되는 변두리의 땅

* 잃어버린 줄 알았던 새옹의 말이 다른 말을 데리고 돌아왔다는 데서 유래해요.

⭐ **아래 대화를 소리 내어 읽어 보세요.**

"당당아, 인생은 **새옹지마**라고, 앞날은 알기 어려운 것 같아."

"무슨 일 있니?"

"그저께 신발주머니가 없어졌거든?"

"아이고, 속상한 일이네."

"그런데 다음 날 신발주머니가 돌아왔어. 실수로 잘못 가져갔다는 쪽지와 과자 한 봉지가 안에 든 채로!"

"그럼 좋은 일이네."

"그런데 빵점짜리 시험지도 같이 들어 있어서 엄마한테 괜히 오해받고 혼났지 뭐야."

"정말 앞날은 알 수 없는 거구나!"

사실은…

塞 변방 새   翁 늙은이 옹   之 ~의 지   馬 말 마

| 새 | 옹 | 지 | 마 | 새 | 옹 | 지 | 마 | 새 | 옹 | 지 | 마 |

⭐ **뜻 채우고 따라 쓰기** 소리 내어 읽으며 반듯하게 쓰세요.

▼ 한자 뜻을 두 번 쓰세요.

한자 뜻

| 변 | 방 | 에 | | 사 | 는 | | | | 의 | | 말 |
| 변 | 방 | 에 | | 사 | 는 | | 늙 | 은 | 이 | 의 | |

뜻풀이

| 인 | 생 | 은 | | | | 가 | | 많 | 아 | 서 | | 앞 |
| 날 | 을 | | | | | 하 | 기 | | 어 | 렵 | 다 | . |

⭐ **문장력 기르기** 사자성어를 넣어 이야기를 완성하세요.

엄마는 실수로 넘어져 아끼는 구두가 망가졌다며 속상해했다. 그러자 아빠는
인생은 [새　　　　　　] 라며 엄마에게 새 구두를 사러 가자고 하셨다.
엄마는 갑자기 기분이 좋아지셨다.

⭐ **맞춤법 연습하기** 파란색 글자를 바르게 고쳐 쓰세요.

늘근이의 말　　　　　　　➔

75

적반하장

賊 反 荷 杖
도둑 적 돌이킬 반 멜 하 몽둥이 장

한자 뜻

도둑이 도리어 몽둥이를 든다.

뜻풀이

잘못한 사람이 아무 잘못도 없는 사람을 나무란다*.

★비슷한 속담으로 '방귀 뀐 놈이 성낸다'가 있어요.

* 나무라다: 상대방의 잘못이나 부족한 점을 꼬집어 말함.

⭐ 아래 이야기를 소리 내어 읽어 보세요.

투덜이가 새로 산 로봇을 들고나와 친구들에게 자랑했어요.

"얘들아, 이거 봐라. 멋있지? 아빠한테 선물 받은 거야."

소심이가 조심조심 다가왔어요.

"정말 멋있다! 진짜 움직일 것만 같아."

"팔과 다리를 자유롭게 움직일 수 있어. 신기하지?"

투덜이는 신이 나서 로봇의 팔과 다리를 이리저리 비틀었어요. 그런데 갑자기 로봇의 얼굴이 땅바닥으로 뚝 떨어졌어요.

"소심아, 너 때문에 떨어졌잖아!"

투덜이가 죄 없는 소심이에게 성을 내자 당당이가 다가와 투덜이에게 소리쳤어요.

"네가 흔들다가 빠진 거잖아. 방귀 뀐 놈이 성낸다더니 완전히 **적반하장**이네!"

너 때문에
떨어졌잖아!

賊 도둑 적   反 돌이킬 반   荷 멜 하   杖 몽둥이 장

| 적 | 반 | 하 | 장 | 적 | 반 | 하 | 장 | 적 | 반 | 하 | 장 |

⭐ **뜻 채우고 따라 쓰기** 소리 내어 읽으며 반듯하게 쓰세요.

한자 뜻

| 도 | 둑 | 이 | | 도 | 리 | 어 | | | | | | 를 |
| 든 | 다 | . |

뜻풀이

| 잘 | 못 | 한 | | 사 | 람 | 이 | | 아 | 무 | | |
| 도 | | 없 | 는 | | 사 | 람 | 을 | | | |

⭐ **문장력 기르기** 사자성어를 넣어 이야기를 완성하세요.

형이 새로 산 내 티셔츠를 몰래 입고 나갔다가 잔뜩 늘려 왔다. 그런데 나에게 옷이 왜 이렇게 작냐며 화를 낸다. 적[   ]이 따로 없다.

⭐ **맞춤법 연습하기** 파란색 글자를 바르게 고쳐 쓰세요.

방구 꾼 놈이 성낸다

77

30 어부지리

漁 父 之 利
고기잡을 어　남편 부　~의 지　이로울 리

한자 뜻

도요새와 조개가 싸워 어부만 이익을 본다.

뜻풀이

두 사람이 싸우는 틈에 엉뚱한 사람이 이익을 본다.

★비슷한 속담으로 '재주는 곰이 넘고 돈은 주인이 받는다'가 있어요.

⭐ **아래 대화를 소리 내어 읽어 보세요.**

 "형! 누나! 엄마가 떡볶이랑 튀김을 사 오셨어."

 "배고팠는데 잘됐다. 냄새가 정말 좋네!"

 "누나는 살 좀 빼야지. 체중계 바늘이 튕겨나갈 것 같던데?"

 "어머머! 뭐라고? 네 배나 좀 봐라. 서 있을 때 발은 보이니?"

 "아휴, 기분 나빠. 누나 혼자 다 먹고 살로 가라!"

 "누가 할 소리? 나도 안 먹어! 흥!"

 "음, 이거야말로 **어부지리**네. 나 혼자 다 먹어야지!"

나도 안 먹어! 흥!

어부지리네.

누나 혼자 다 먹고 살로 가라!

⭐ **사자성어 읽고 따라 쓰기** 소리 내어 읽으며 예쁘게 쓰세요.

漁 고기 잡을 어   父 남편 부   之 ~의 지   利 이로울 리

| 어 | 부 | 지 | 리 | | 어 | 부 | 지 | 리 | | 어 | 부 | 지 | 리 |

⭐ **뜻 채우고 따라 쓰기** 소리 내어 읽으며 반듯하게 쓰세요.

한자 뜻

| 도 | 요 | 새 | 와 | | | | 가 | | 싸 | 워 | | |
| | | | | 이 | 익 | 을 | | 본 | 다 | . | | |

뜻풀이

두		사	람	이					틈	에	
					사	람	이		이	익	을		본
다	.											

⭐ **문장력 기르기** 사자성어를 넣어 이야기를 완성하세요.

회장 선거에 출마한 나, 민주, 경민이 중에서 내가 가장 약한 후보였다.
그런데 민주와 경민이가 서로 헐뜯고 싸우다가 사퇴를 했다. 결국 내가
| 어 | | | | 로 회장에 당선되었다.

⭐ **맞춤법 연습하기** 파란색 글자를 바르게 고쳐 쓰세요.

| 제주는 곰이 넘고 | |

79

셋째 마당 복습

1 그림과 관련된 사자성어의 뜻입니다. ☐ 안에 알맞은 낱말을 쓰세요.

_{보기} 어부 사람 노인 도둑 마음 조개 농부

우공이산
愚公移山

어리석은 ☐☐ 이
산을 옮긴다.

팔방미인
八方美人

어느 방향에서 보아도
아름다운 ☐☐

작심삼일
作心三日

☐☐ 먹은 것이
사흘을 넘기지 못한다.

적반하장
賊反荷杖

☐☐ 이 도리어
몽둥이를 든다.

어부지리
漁父之利

도요새와 조개가 싸워
☐☐ 만 이익을 본다.

2 사자성어와 알맞은 한자 뜻과 뜻풀이를 연결하세요.

사람이 산을 이루고 바다를 이룬 상태

동문서답 東問西答

교만하여 다른 사람을 함부로 대한다.

동쪽을 묻는데 서쪽을 답한다.

안하무인 眼下無人

인생은 변화가 많아서 앞날을 예상하기 어렵다.

눈 아래에 사람이 없다.

새옹지마 塞翁之馬

묻는 말에 맞지 않는 엉뚱한 대답

변방에 사는 늙은이의 말

인산인해 人山人海

사람이 수없이 많이 모인 상태

3 ▢ 안에 들어갈 사자성어로 바른 것에 ○표 하세요.

⭐ 우공이산 / 팔방미인 의 노력이면 무엇이든 이룰 수 있다.

⭐ 우리 팀은 동문서답 / 이구동성 으로 이번 시합은 무효라고 외쳤다.

⭐ 나와 동생은 싸우지 않겠다고 다짐했지만, 작심삼일 / 안하무인 이었다.

⭐ 불꽃 축제를 보러 온 사람들로 공원은 인산인해 / 어부지리 였다.

⭐ 여러분이 배운 사람에 관한 사자성어와 뜻이 같거나 비슷한 속담을 알아보아요.

속담

우공이산(愚公移山)

어떤 일이든
끊임없이 노력하면
반드시 이루어진다.

미련이
담벼락 뚫는다

안하무인(眼下無人)

교만하여 다른 사람을
함부로 대한다.

못된 음식이
뜨겁기만 하다

적반하장(賊反荷杖)

잘못한 사람이 아무
잘못도 없는 사람을
나무란다.

방귀 뀐 놈이
성낸다

어부지리(漁父之利)

두 사람이 싸우는 틈에
엉뚱한 사람이
이익을 본다.

재주는
곰이 넘고
돈은 주인이
받는다

물건과 관련된 사자성어

셋째 마당에서는 사람과 관련된 사자성어를 배워 보았어요. 그런데 사자성어 중에는 일상생활에서 사용하는 물건에 빗댄 표현도 있답니다. 넷째 마당에서는 물건과 관련된 10가지 사자성어의 뜻을 알아보고 따라 쓰며 익혀 봐요!

31 언중유골

물건

言 中 有 骨
말씀 언 가운데 중 있을 유 뼈 골

한자 뜻

말 속에 뼈가 있다.

뜻풀이

평범한 말 속에 단단한 속뜻이 들어 있다.

★ 비슷한 속담으로 '말 속에 뜻이 있고 뼈가 있다'가 있어요.

⭐ **아래 이야기를 소리 내어 읽어 보세요.**

학교 근처 숲으로 자연 관찰 체험을 하러 가는 날이었어요. 엉뚱이가 교실에 들어오자 모두 깜짝 놀랐어요. 얼굴에는 선크림을 잔뜩 바르고 선글라스를 쓴 데다가 왼손에는 등산용 지팡이, 오른손에는 곤충 잡는 그물까지 들고 있었거든요.

"엉뚱이는 너무 철저하게 준비했구나!"

선생님께서 고개를 절레절레 저으며 한마디 하셨어요.

엉뚱이는 소심이에게 속삭이며 물었어요.

"선생님이 지금 나를 칭찬하시는 거니?"

그러자 소심이가 낮은 목소리로 대답했지요.

"**언중유골**이잖니. 가볍게 가는 체험 학습인데 복장이 지나치다는 속뜻이 들어 있는 거지."

엉뚱이는 너무 철저하게 준비했구나!

복장이 지나치네.

⭐ **사자성어 읽고 따라 쓰기**　소리 내어 읽으며 예쁘게 쓰세요.

言 말씀언　中 가운데중　有 있을유　骨 뼈골

언 중 유 골　　언 중 유 골　　언 중 유 골

⭐ **뜻 채우고 따라 쓰기**　소리 내어 읽으며 반듯하게 쓰세요.

▼ 한자 뜻을 두 번 쓰세요.

| 한자뜻 | 말 | 속 | 에 | ☐ | 가 | 있 | 다 | . | | |
| | 말 | ☐ | 에 | 뼈 | 가 | 있 | 다 | . | | |

| 뜻풀이 | 평 | 범 | 한 | | 말 | | 속 | 에 | | 단 | 단 | 한 |
| | ☐ | ☐ | 이 | | 들 | 어 | | 있 | 다 | . | | |

⭐ **문장력 기르기**　사자성어를 넣어 이야기를 완성하세요.

선생님의 말씀은 그냥 흘려들으면 안 된다. [언　　　　　]이라고
농담처럼 하는 말씀에 분명히 교훈이 들어 있다.

⭐ **맞춤법 연습하기**　파란색 글자를 바르게 고쳐 쓰세요.

말 속에 뼈가 잇다

32 죽마고우

竹 馬 故 友
대 죽 말 마 옛 고 벗 우

한자 뜻

대나무 말을 타고 놀던 벗*

뜻풀이

어릴 때부터 같이 놀며 자란 벗

* 벗: 비슷한 또래로서 서로 친하게 사귀는 사람. 즉, 친구

★ 아래 소심이의 일기를 소리 내어 읽어 보세요.

| 20○○년 ○월 ○일 ○요일 | 날씨: 눈이 내림 |

제목: 아빠 '죽마고우'의 방문

오늘 아빠 친구 분이 우리 집에 놀러 오셨다. 아빠는 "내 **죽마고우**야." 하며

소개하셨다. 아빠가 유치원 다닐 때부터 초등학교 다닐 때까지 친구분이

옆집에 사셨다고 한다.

두 분은 어릴 적 같이 찍은 사진을 보시며 한참 웃으셨다.

같이 숨바꼭질하고, 딱지 치던 추억도 나누셨다.

나도 나중에 어른이 되면 엉뚱이, 당당이, 투덜이를 나의 아들, 딸에게

'죽마고우'라고 소개하고 싶다.

竹 대죽   馬 말마   故 옛고   友 벗우

| 죽 | 마 | 고 | 우 | 죽 | 마 | 고 | 우 | 죽 | 마 | 고 | 우 |

⭐ **뜻 채우고 따라 쓰기** 소리 내어 읽으며 반듯하게 쓰세요.

| 한자뜻 | 대 | 나 | 무 | | 을 | | 타 | 고 | | 놀 | 던 |
| | 벗 | | | | | | | | | | |

| 뜻풀이 | 어 | 릴 | | 때 | 부 | 터 | | 같 | 이 | | 놀 | 며 |
| | | | | 벗 | | | | | | | | |

⭐ **문장력 기르기** 사자성어를 넣어 이야기를 완성하세요.

우리 동네의 미용실 원장님과 과일 가게 사장님은 엄마의 [죽]

이시다. 엄마가 집에 없으면 미용실과 과일 가게에 가 보면 된다.

⭐ **맞춤법 연습하기** 파란색 글자를 바르게 고쳐 쓰세요.

대나무 말을 타고 놀던 번

87

33 대기만성

大器晚成
클 **대** 그릇 **기** 늦을 **만** 만들 **성**

한자 뜻

큰 그릇을 만드는 데 시간이 오래 걸린다.

뜻풀이

크게 될 사람은 늦게라도 성공한다.

⭐ **아래 이야기를 소리 내어 읽어 보세요.**

엉뚱이는 그리기 숙제를 엉뚱하게 해서 엄마에게 혼나고 있었어요.

말을 그려야 하는데, 말의 발에 날개가 달려 있었거든요. 그 그림을 본 할머니께서

말씀하셨어요.

"엉뚱이가 엉뚱한 것은 남들보다 창의성이 뛰어나서야. **대기만성**이라고 크게 될

사람은 늦게라도 성공한다고 했다. 분명 엉뚱이는 크게 될 테니, 자꾸 야단만

치지 말고 기다리렴. 누가 아니? 어느 날 엉뚱이가 유명해질지?"

대기만성, 엉뚱이!

大 클 대   器 그릇 기   晩 늦을 만   成 만들 성

| 대 | 기 | 만 | 성 | 대 | 기 | 만 | 성 | 대 | 기 | 만 | 성 |

⭐ **뜻 채우고 따라 쓰기** 소리 내어 읽으며 반듯하게 쓰세요.

| 한자뜻 | 큰 | | 그 | 릇 | 을 | | 만 | 드 | 는 | | 데 | | 시 |
| | 간 | 이 | | | | | | 걸 | 린 | 다 | . | | |

| 뜻풀이 | 크 | 게 | | 될 | | 사 | 람 | 은 | | 늦 | 게 | 라 | 도 | V |
| | | | 한 | 다 | . | | | | | | | | | |

⭐ **문장력 기르기** 사자성어를 넣어 이야기를 완성하세요.

우리 고모는 [대　　　　　　]형 가수이다. 젊을 때는 사람들이 거의
모르는 가수였다. 그러나 50대가 되어서 이제 고모는 국민이 모두 아는
가수가 되었다.

⭐ **맞춤법 연습하기** 파란색 글자를 바르게 고쳐 쓰세요.

시간이 오레 걸린다

89

물건

34 각주구검

刻	舟	求	劍
새길 **각**	배 **주**	구할 **구**	칼 **검**

한자 뜻

배에 새긴 표시로 물에 떨어뜨린 칼을 찾는다.

뜻풀이

현실에 맞지 않는 생각을 미련하게 고집한다.

★비슷한 속담으로 '하나만 알고 둘은 모른다'가 있어요.

* 중국 초나라 사람이 배에서 칼을 물속에 떨어뜨리고 그 위치를 배에 표시하였다가 나중에 배가 움직인 것을 생각하지 않고 칼을 찾았다는 데서 유래해요.

⭐ **아래 만화를 소리 내어 읽어 보세요.**

엉뚱아! 왜 눈 뭉치를 자꾸 주머니에 넣는 거야?

너무 추워서 집에 가서 눈싸움하려고.

집은 따뜻하잖아.

그래, 그러니까 집에서 따뜻하게 눈싸움하려는 거지.

각주구검이라고, 하나만 알고 둘은 모르네. 집에 가면 눈 뭉치가 녹겠지!

아! 맞네.

두둥!

⭐ **사자성어 읽고 따라 쓰기** 소리 내어 읽으며 예쁘게 쓰세요.

刻 새길 각   舟 배 주   求 구할 구   劍 칼 검

| 각 | 주 | 구 | 검 | 각 | 주 | 구 | 검 | 각 | 주 | 구 | 검 |

⭐ **뜻 채우고 따라 쓰기** 소리 내어 읽으며 반듯하게 쓰세요.

한자 뜻
| 배 | 에 | | 새 | 긴 | | | 로 | | 물 | 에 |
| 떨 | 어 | 뜨 | 린 | | 을 | | 찾 | 는 | 다 | . |

뜻풀이
| 현 | 실 | 에 | | 맞 | 지 | | 않 | 는 | | 생 | 각 | 을 | ∨ |
| | | | | | 고 | 집 | 한 | 다 | . | | | | |

⭐ **문장력 기르기** 사자성어를 넣어 이야기를 완성하세요.

요즘은 다양한 방식으로 지식을 얻을 수 있다. 독서만 강요하는 것은

| 각 | |의 태도이며, 시대에 맞지 않는다.

⭐ **맞춤법 연습하기** 파란색 글자를 바르게 고쳐 쓰세요.

배에 세긴 표시로

91

35 동상이몽

同 床 異 夢
같을 동 평상* 상 다를 이 꿈 몽

* 평상: 나무로 만든 침대

한자 뜻

같은 자리에 자면서 다른 꿈을 꾼다.

뜻풀이

겉으로는 같이 행동하지만 속으로는 각각 딴생각한다.

 아래 이야기를 소리 내어 읽어 보세요.

엉뚱이는 엄마한테 수영을 배우고 싶다고 했어요. 엄마는 기쁘게 허락하셨어요.

엉뚱이는 생각했어요.

'수영을 열심히 해서 날씬해지는 거야. 그럼 친구들에게 인기 만점이겠지?'

엄마는 생각했어요.

'수영을 열심히 시켜서 국가 대표로 키우는 거야. 그러면 친구들이 아들 잘

키웠다고 부러워하겠지? 나도 장한 어머니로 텔레비전에 나오고!'

둘의 **동상이몽**을 눈치챈 아빠가 한마디 하셨지요.

"지난달에 시작한 태권도나 일단 열심히 하자, 엉뚱아!"

동상이몽이네.

⭐ **사자성어 읽고 따라 쓰기**   소리 내어 읽으며 예쁘게 쓰세요.

同 같을 동   床 평상 상   異 다를 이   夢 꿈 몽

동	상	이	몽	동	상	이	몽	동	상	이	몽

⭐ **뜻 채우고 따라 쓰기**   소리 내어 읽으며 반듯하게 쓰세요.

한자 뜻	같	은		자	리	에		자	면	서		다	른	V
		을		꾼	다	.								

뜻풀이	겉	으	로	는		같	이		행	동	하	지	만	V
	속	으	로	는		각	각					한	다	.

⭐ **문장력 기르기**   사자성어를 넣어 이야기를 완성하세요.

엄마와 함께 마트에 가는 형과 누나는 각자 다른 생각에 빠져 있다.
형은 새 운동화를, 누나는 새로 나온 화장품을 사 달라고 할 생각이다.

| 동 | | | | 인 셈이다.

⭐ **맞춤법 연습하기**   파란색 글자를 바르게 고쳐 쓰세요.

가튼 자리에 자면서

93

물건

36 등하불명

燈	下	不	明
등잔 등	아래 하	아니 불	밝을 명

한자 뜻

등잔 밑이 어둡다.

뜻풀이

가까이에 있는 물건이나 사람을 잘 찾지 못한다.

★비슷한 속담으로 '업은 아이 삼 년 찾는다'가 있어요.

⭐ 아래 대화를 소리 내어 읽어 보세요.

4:15 💬 ✉ 📶 ▮▮▮ 🔋

 투덜이
당당아! 오늘 고마워.

당당이
뭐가?

 투덜이
문구점에서 내 동생이 '따라에몽' 스티커 찾는 것을 도와줬다면서?

당당이
등하불명이라고 바로 앞에 있는 것을 못 찾고 헤매더라고.

투덜이
그랬구나. 걔가 안경을 썼는데도 그러네.

당당이
안경을 이마에 걸고 있더라고.

 투덜이
걔가 자주 그래.

燈 등잔 등　下 아래 하　不 아니 불　明 밝을 명

| 등 | 하 | 불 | 명 | 등 | 하 | 불 | 명 | 등 | 하 | 불 | 명 |

⭐ **뜻 채우고 따라 쓰기** 소리 내어 읽으며 반듯하게 쓰세요.

▼ 한자 뜻을 두 번 쓰세요.

| 한자뜻 | 등 | 잔 | | 이 | | 어 | 둡 | 다 | . | |
| | 등 | 잔 | | 이 | | 어 | 둡 | 다 | . | |

| 뜻풀이 | | | | 에 | | 있 | 는 | | 물 | 건 | 이 | 나 |
| | 사 | 람 | 을 | | 잘 | | 찾 | 지 | | 못 | 한 | 다 | . |

⭐ **문장력 기르기** 사자성어를 넣어 이야기를 완성하세요.

엄마는 자동차 구석구석을 뒤지며 마스크를 찾고 계셨다.

그런데 [등 　　　] 이라고 엄마의 마스크는 목에 걸려 있었다.

⭐ **맞춤법 연습하기** 파란색 글자를 바르게 고쳐 쓰세요.

| 등잔 밑이 어둡다 | | |

37 근묵자흑

近	墨	者	黑
가까울 근	먹 묵	사람 자	검을 흑

한자 뜻

먹을 가까이하는 사람은 검어진다.

뜻풀이

나쁜 사람과 가까이 지내면 나쁜 버릇에 물든다.

★비슷한 속담으로 '까마귀 노는 곳에 백로야 가지 마라'가 있어요.

⭐ **아래 이야기를 소리 내어 읽어 보세요.**

당당이가 현관에 들어섰을 때, 엄마와 언니는 심각한 대화를 하고 있었어요.

"그 아이들은 몰려다니면서 힘없는 애들을 놀린다고 소문이 났어. 그런데 왜 같이 있었던 거야?"

"재미있는 놀이를 하자고 그래서 그만……."

"그 애들이 말하는 '놀이'가 바로 힘없는 애들 괴롭히는 거야. 그러면서 자기들이 멋지다는 생각을 하는 거라고. **근묵자흑**이라고 했어. 그 애들이랑 가까이 지내면 너도 어느새 거리낌 없이 아이들을 괴롭히게 될 거야. 최대한 거리를 두고 지내렴."

언니는 조용히 고개를 끄덕였어요.

근묵자흑이라고 했어. 최대한 거리를 두고 지내렴.

近 가까울 근   墨 먹 묵   者 사람 자   黑 검을 흑

| 근 | 묵 | 자 | 흑 | 근 | 묵 | 자 | 흑 | 근 | 묵 | 자 | 흑 |

★ **뜻 채우고 따라 쓰기**   소리 내어 읽으며 반듯하게 쓰세요.

한자 뜻

먹을 [   ] 하 는 사 람 은
검 어 진 다 .

뜻풀이

나 쁜 사 람 과 [   ] 지 내
면 나 쁜 [   ] 에 물 든 다 .

★ **문장력 기르기**   사자성어를 넣어 이야기를 완성하세요.

나쁜 말을 쓰지 않도록 노력해야 한다. [근   ]이라고, 나쁜 말을
쓰면 주변 친구들도 그런 말을 쓰게 되어서이다. 우리의 말과 행동은 주변
사람에게 영향을 준다.

★ **맞춤법 연습하기**   파란색 글자를 바르게 고쳐 쓰세요.

나쁜 버릇에 물든다

38 낭중지추

囊 中 之 錐
주머니 낭 가운데 중 ~의 지 송곳 추

한자 뜻

주머니 속의 송곳*

뜻풀이

재능이 뛰어난 사람은 숨어 있어도 저절로 알려진다.

* 송곳: 작은 구멍을 뚫는 데 쓰는 도구

⭐ 아래 엉뚱이의 편지를 소리 내어 읽어 보세요.

> 소심아!
>
> 지난주 연극에서 너 연기를 정말 잘하더라. 우리 모두 깜짝 놀랐잖아.
>
> 평상시에는 수줍음이 많더니, 언제 그렇게 연습을 한 거니? 다들 네가
>
> 정말 빨간 모자 소녀의 할머니가 된 것 같은 착각이 들 정도였어.
>
> 우리 엄마 말이 네가 **낭중지추**래. 할머니로 분장하고 잠깐 등장했는데도,
>
> 너의 뛰어난 재능을 알아볼 수 있었다고 말이야. 동네 어른들 사이에 소문이
>
> 다 퍼졌다고 하시더라. 나도 네가 정말 자랑스러워. 나중에 뛰어난
>
> 연기자가 되면 나를 꼭 매니저로 써 주렴. 알겠지?
>
> 너의 영원한 친구가 되고픈 엉뚱이

소심이

진짜 할머니 같네.
낭중지추야.

囊 주머니 낭　中 가운데 중　之 ~의 지　錐 송곳 추

| 낭 | 중 | 지 | 추 | 낭 | 중 | 지 | 추 | 낭 | 중 | 지 | 추 |

★ **뜻 채우고 따라 쓰기**　소리 내어 읽으며 반듯하게 쓰세요.

한자 뜻

| 주 | 머 | 니 | | 의 | | 송 | 곳 | | |

뜻풀이

재	능	이		뛰	어	난		사	람	은		숨
어		있	어	도						알	려	진
다	.

★ **문장력 기르기**　사자성어를 넣어 이야기를 완성하세요.

우리 누나는 조용하다. 하지만 　낭　라고 점점 수학을 잘한다고 소문이 났다. 이제는 수학 숙제를 도와 달라는 전화가 하루에 열 통도 넘게 온다.

★ **맞춤법 연습하기**　파란색 글자를 바르게 고쳐 쓰세요.

줌어니 속의 송곳

39 견문발검

見 蚊 拔 劍
볼 견 모기 문 뺄 발 칼 검

한자 뜻

모기를 보고 칼을 뺀다.

뜻풀이

사소한 일에 크게 성내어 덤빈다.

★비슷한 속담으로 '중을 보고 칼을 뽑는다'가 있어요.

⭐ **아래 대화를 소리 내어 읽어 보세요.**

 "나, 어제 진짜 기가 막힌 일이 있었어."

 "무슨 일인데?"

 "어제 집에 김치만두랑 고기만두가 있었는데, 내가 먼저 김치만두를 다 먹었거든. 동생이 나보고 인권 침해라며 경찰서에 신고하겠다는 거야."

 "**견문발검**이라고 네 동생이 좀 심한 거 같다."

 "그게 뭐야? 무슨 문 이름이야?"

 "모기를 보고 칼을 빼는 것처럼 사소한 일에 크게 성낸다는 뜻의 사자성어야."

 "뭐? 내 동생한테 모기라고? 너 이거 인권 침해다!"

 "아이고, 엉뚱아. 너도 견문발검하는구나."

마음대로 먹다니 인권 침해야!

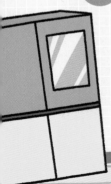

見 볼 견   蚊 모기 문   拔 뺄 발   劍 칼 검

| 견 | 문 | 발 | 검 | 견 | 문 | 발 | 검 | 견 | 문 | 발 | 검 |

⭐ **뜻 채우고 따라 쓰기**   소리 내어 읽으며 반듯하게 쓰세요.

▼ 한자 뜻을 두 번 쓰세요.

한자 뜻

| 모 | 기 | 를 | | 보 | 고 | | | 을 | | 뺀 | 다 | . |
| | | 를 | | 보 | 고 | | 칼 | 을 | | 뺀 | 다 | . |

뜻풀이

| 사 | 소 | 한 | | 일 | 에 | | | | 성 | 내 | 어 | V |
| 덤 | 빈 | 다 | . | | | | | | | | | |

⭐ **문장력 기르기**   사자성어를 넣어 이야기를 완성하세요.

실수로 동생 팔을 살짝 쳤다. 그런데 동생은 나한테 사과하라며 고래고래
소리를 질렀다. 그러자 엄마는 〔견   〕한다며 동생을
진정시키셨다.

⭐ **맞춤법 연습하기**   파란색 글자를 바르게 고쳐 쓰세요.

성네어 덤빈다

40 금상첨화

錦 上 添 花
비단 금 위 상 더할 첨 꽃 화

한자 뜻

비단 위에 꽃을 더한다.

뜻풀이

좋은 일 위에 또 좋은 일이 더하여진다.

 아래 투덜이의 일기를 소리 내어 읽어 보세요.

20○○년 ○월 ○일 ○요일	날씨: 맑음

제목: 콜라와 뱃살

오늘 날씨가 너무 화창하고 좋았다. 그래서 우리 가족은 오랜만에

호수공원으로 소풍을 갔다. 돗자리를 펴고, 챙겨 간 김밥과 통닭을 먹었다.

아빠는 "콜라만 있었으면 **금상첨화**인데……."라고 하셨다. 엄마는 "뱃살만

빼면 금상첨화인데……."라고 하시며 아빠에게 물병을 건네셨다.

두 분이 투덜투덜 입씨름하는 게 너무 웃겨서 우리는 배꼽을 잡고 웃었다.

맛있는 것도 먹고, 오리 배도 타고 아주 즐거운 시간이었다.

콜라만 있으면!

뱃살만 빼면!

錦 비단 금   上 위 상   添 더할 첨   花 꽃 화

금 상 첨 화   금 상 첨 화   금 상 첨 화

⭐ **뜻 채우고 따라 쓰기** 소리 내어 읽으며 반듯하게 쓰세요.

▼ 한자 뜻을 두 번 쓰세요.

| 한자뜻 | 비 | 단 | | 에 | 꽃 | 을 | 더 | 한 | 다 | . |
| | 비 | 단 | 위 | 에 | | 을 | 더 | 한 | 다 | . |

| 뜻풀이 | 좋 | 은 | 일 | 위 | 에 | 또 | | |
| | 일 | 이 | 더 | 하 | 여 | 진 | 다 | . |

⭐ **문장력 기르기** 사자성어를 넣어 이야기를 완성하세요.

학교 앞에 떡볶이집이 생겼다. 간판도 새것이고, 가게 안도 아주 깨끗하며,
사장님도 매우 친절하셨다. 떡볶이 맛만 좋으면 금[＿＿＿]인데
그 점이 참 아쉽다.

⭐ **맞춤법 연습하기** 파란색 글자를 바르게 고쳐 쓰세요.

비단 위에 꼿을 더한다

103

1 그림과 관련된 사자성어의 뜻입니다. ☐ 안에 알맞은 낱말을 쓰세요.

보기

등잔　송곳　자리　그릇　비단　냄비　망치

대기만성
大器晚成

큰 ☐ 을 만드는 데
시간이 오래 걸린다.

동상이몽
同床異夢

같은 ☐ 에 자면서
다른 꿈을 꾼다.

등하불명
燈下不明

☐ 밑이 어둡다.

낭중지추
囊中之錐

주머니 속의 ☐

금상첨화
錦上添花

☐ 위에
꽃을 더한다.

2 사자성어와 알맞은 한자 뜻과 뜻풀이를 연결하세요.

배에 새긴 표시로
물에 떨어뜨린
칼을 찾는다.

죽마고우
竹馬故友

나쁜 사람과 가까이
지내면 나쁜
버릇에 물든다.

대나무 말을 타고
놀던 벗

각주구검
刻舟求劍

사소한 일에 크게
성내어 덤빈다.

먹을 가까이하는
사람은 검어진다.

견문발검
見蚊拔劍

어릴 때부터 같이
놀며 자란 벗

모기를 보고
칼을 뺀다.

근묵자흑
近墨者黑

현실에 맞지 않는
생각을 미련하게
고집한다.

3 ☐ 안에 들어갈 사자성어로 바른 것에 ○표 하세요.

⭐ [언중유골 　근묵자흑] 이라고 친구는 조심해서 사귀어야 한다.

⭐ 국어와 수학에 이어 영어도 백 점이면 [죽마고우 　금상첨화] 다.

⭐ [대기만성 　등하불명] 이라고 아빠는 허리띠에 걸려 있는 열쇠를 찾아
여기저기 헤매셨다.

⭐ 아빠와 엄마는 내 미래에 대해 [각주구검 　동상이몽] 이시다.

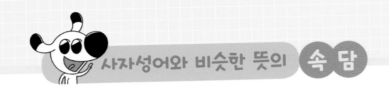

사자성어와 비슷한 뜻의 속 담

⭐ 여러분이 배운 물건에 관한 사자성어와 뜻이 같거나 비슷한 속담을 알아보아요.

속담

각주구검(刻舟求劍)

현실에 맞지 않는 생각을 미련하게 고집한다.

하나만 알고
둘은 모른다

등하불명(燈下不明)

가까이에 있는 물건이나 사람을 잘 찾지 못한다.

업은 아이
삼 년 찾는다

근묵자흑(近墨者黑)

나쁜 사람과 가까이 지내면 나쁜 버릇에 물든다.

까마귀 노는 곳에
백로야 가지 마라

견문발검(見蚊拔劍)

사소한 일에 크게 성내어 덤빈다.

중을 보고
칼을 뽑는다

★'모기 보고 칼 빼기'도
뜻이 같은 속담이에요.

음식과 관련된 사자성어

마침내 다섯째 마당에 도착한 여러분이 자랑스러워요. 마지막으로 다섯째 마당에서는 음식과 관련된 사자성어를 공부할 거예요. 음식과 관련된 10가지 사자성어의 뜻을 알아보고 따라 쓰며 쓰임을 익혀 봐요!

계란유골

鷄 卵 有 骨
닭 계　알 란　있을 유　뼈 골

한자 뜻

달걀에도 뼈가 있다.

뜻풀이

운이 나쁜 사람은 좋은 기회가 와도 잘 안된다.

★비슷한 속담으로 '안되는 놈은 두부에도 뼈라'가 있어요.

 아래 투덜이의 일기를 소리 내어 읽어 보세요.

20○○년 ○월 ○일 ○요일 | 날씨: 비가 내리고 바람이 붐

제목: 나는 되는 일이 없다

학교 수업이 끝나면, 정문에서 셔틀버스를 타고 영어 학원에 간다. 보통 우리 반이 가장 늦게 끝나서, 나는 같이 셔틀버스 타는 친구들에게 온갖 잔소리를 듣는다.

그런데 오늘은 웬일로 내가 제일 먼저 정문에 나와 있었다. 그래서 나는 친구들에게 잔소리해 주리라 마음먹고 있었다. 그러나 한참이 지나도 셔틀버스도, 친구들도 안 오는 것이다. 생각해 보니 오늘은 영어 학원에 안 가는 날이었다. 계란유골이라고 역시 나는 일이 잘 안 풀린다.

> 오늘은 영어 학원에 안 가는 날! 계란유골이네.

鷄 닭 계　卵 알 란　有 있을 유　骨 뼈 골

| 계 | 란 | 유 | 골 | 계 | 란 | 유 | 골 | 계 | 란 | 유 | 골 |

☆ **뜻 채우고 따라 쓰기** 소리 내어 읽으며 반듯하게 쓰세요.

▼ 한자 뜻을 두 번 쓰세요.

| 한자뜻 | 달 | 걀 | 에 | 도 | | 가 | | 있 | 다 | . |
| | 달 | 걀 | 에 | 도 | | 가 | | 있 | 다 | . |

| 뜻풀이 | 운 | 이 | | | 사 | 람 | 은 | | 좋 | 은 |
| | | | 가 | | 와 | 도 | | 잘 | | 안 | 된 | 다 | . |

☆ **문장력 기르기** 사자성어를 넣어 이야기를 완성하세요.

호떡을 먹다가 혀를 데었다. 그리고 콜라를 마시다 옷에 흘렸다. 마침 눈앞에 휴지가 보여서 콜라를 닦는데, 하필 동생이 코를 풀어 놓은 휴지였다.

| 계 | | | | 신세가 따로 없다.

☆ **맞춤법 연습하기** 파란색 글자를 바르게 고쳐 쓰세요.

| 기회가 와도 잘 안<u>된</u>다 | | |

* '되지 않는다'의 뜻일 때는 '안 된다'로 띄어 쓰지만, '잘되다'의 반대 뜻인 '안되다'는 한 단어이므로 붙여 써요.

음식

42

고진감래

苦	盡	甘	來
쓸 고	다할 진	달 감	올 래

한자 뜻

쓴 것이 다하면 단 것이 온다.

뜻풀이

고생 끝에 즐거움이 온다.

★비슷한 속담으로 '태산*을 넘으면 평지*를 본다'가 있어요.

* 태산: 높고 큰 산   * 평지: 바닥이 평평한 땅

 아래 소심이의 일기를 소리 내어 읽어 보세요.

20○○년 ○월 ○일 ○요일	날씨: 하늘이 맑고, 보름달이 뜸

제목: 고진감래 송편

　할머니 집에서 송편을 만들었다. 손, 얼굴에 반죽이 들러붙고 팔이 아팠다.

바닥에 앉아서 한 상 가득 만드느라 나중에는 다리도 저렸다.

　그렇지만 할아버지께서 내 송편이 가장 예쁘다고 칭찬해 주셔서 기분이

좋았다. 또 직접 만든 송편을 쪄서 먹으니 더 맛있었다. **고진감래**라는

할머니 말씀이 정말 맞는다고 느꼈다.

　그래서 나는 내가 만든 송편에 '고진감래 송편'이라고 이름을 붙였다.

고진감래 송편!

소심이 송편이 가장 예쁘구나.

苦쓸고 盡다할진 甘달감 來올래

| 고 | 진 | 감 | 래 | 고 | 진 | 감 | 래 | 고 | 진 | 감 | 래 |

★ **뜻 채우고 따라 쓰기** 소리 내어 읽으며 반듯하게 쓰세요.

한자 뜻

| 쓴 | | 것 | 이 | | 다 | 하 | 면 | | | | 것 | 이 | V |
| 온 | 다 | . | | | | | | | | | | | |

▼ 뜻풀이를 두 번 쓰세요.

뜻풀이

| 고 | 생 | | 끝 | 에 | | | | | 이 | | 온 | 다 |
| 고 | 생 | | 끝 | 에 | | 즐 | 거 | 움 | 이 | | 온 | 다 | . |

★ **문장력 기르기** 사자성어를 넣어 이야기를 완성하세요.

방학 숙제 중에 독후감 10개 쓰기가 있었다. 나는 끙끙대며 10개를 모두 채웠다.
[고]라고 개학 후 선생님께 큰 칭찬을 받아 보람을 느꼈다.

★ **맞춤법 연습하기** 파란색 글자를 바르게 고쳐 쓰세요.

고생 끄테 즐거움이 온다

43 조삼모사

음식

朝	三	暮	四
아침	석	저물	녁
조	삼	모	사

한자 뜻

먹이를 아침에 세 개, 저녁에 네 개 준다.

뜻풀이

간사한 꾀로 남을 속여 같은 결과를 얻는다.

★비슷한 속담으로 '눈 가리고 아웅'이 있어요.

* 중국 송나라의 저공(狙公)이 원숭이를 키우는데, 먹이를 아침에 세 개,
저녁에 네 개씩 주겠다는 말에는 원숭이들이 적다고 화를 내더니 아침에
네 개, 저녁에 세 개씩 주겠다는 말에는 좋아하였다는 데서 유래해요.

⭐ 아래 이야기를 소리 내어 읽어 보세요.

엉뚱이 형이 엉뚱이 방에 들어와 다정한 목소리로 말했어요.

"우리 동생, 형 사랑하지? 형 좀 도와줘. 영어 단어 쓰기 일곱 장만 해 줘."

"일곱 장이나? 내 숙제도 많단 말이야."

엉뚱이는 고개를 가로저었어요.

"그러지 말고 지금 네 장, 밤에 세 장을 해 주면 안 될까?"

"그건 너무 부담되는데?"

"그래? 그럼 지금 세 장, 밤에 네 장을 해 줄래?"

"음, 차라리 그게 낫겠어. 알겠어, 해 줄게."

형은 속으로 생각했어요.

'아직 어려서 **조삼모사**가 통하는군!'

도와줘!

소리 내어 읽으며 예쁘게 쓰세요.

朝 아침 조   三 석 삼   暮 저물 모   四 넉 사

조	삼	모	사	조	삼	모	사	조	삼	모	사

⭐ **뜻 채우고 따라 쓰기** 소리 내어 읽으며 반듯하게 쓰세요.

한자 뜻

먹	이	를				에		세		개	,	저
녁	에					개		준	다	.		

뜻풀이

간	사	한				로		남	을		속	여
같	은					를		얻	는	다	.	

⭐ **문장력 기르기** 사자성어를 넣어 이야기를 완성하세요.

누나는 나한테 물을 먼저 가져다줄지, 수건을 먼저 가져다줄지 고르라고 했다. **조** 〔 〕로 나를 속여 부려 먹으려는 것이다. 똑똑한 나는 둘 다 싫다고 했다.

⭐ **맞춤법 연습하기** 파란색 글자를 바르게 고쳐 쓰세요.

저녁에 네 개   ➡

반포지효

反 哺 之 孝
돌이킬 **반** 먹을 **포** ~의 **지** 효도 **효**

한자 뜻

까마귀가 자라서 어미에게 먹이를 물어다 주는 효도

뜻풀이

자식이 자라서 어버이의 은혜를 갚는다.

⭐ **아래 이야기를 소리 내어 읽어 보세요.**

엉뚱이가 때수건과 대야를 들고 안방으로 들어갔어요. 엉뚱이 아버지는 침대에서 쿨쿨 주무시고 계셨지요. 그 모습을 본 엄마가 깜짝 놀라 말했어요.

"엉뚱아! 아빠 주무시는데 뭐 하니?"

엉뚱이는 엄마에게 "쉿!" 하며 소곤거렸어요.

"**반포지효**를 실천 중이에요. 아빠가 우리 키우느라 고생하셔서 발뒤꿈치가 더러운 거잖아요. 그래서 깨끗하게 씻어 드리려고요."

엄마는 한숨을 쉬며 말했어요.

"마음은 알겠어. 하지만 그러면 아빠가 깨시겠지? 그리고 사실 아빠 발뒤꿈치가 더러운 건 게을러서야. 어서 나와!"

엉뚱이는 큰 깨달음을 얻은 표정으로 조용히 안방을 나왔어요.

반포지효를 실천 중이에요.

그러면 아빠가 깨시겠지?

⭐ **사자성어 읽고 따라 쓰기** 소리 내어 읽으며 예쁘게 쓰세요.

反 돌이킬 반   哺 먹을 포   之 ~의 지   孝 효도 효

| 반 | 포 | 지 | 효 | | 반 | 포 | 지 | 효 | | 반 | 포 | 지 | 효 |

⭐ **뜻 채우고 따라 쓰기** 소리 내어 읽으며 반듯하게 쓰세요.

한자 뜻

| 까 | 마 | 귀 | 가 | | 자 | 라 | 서 | | 어 | 미 | 에 | 게 | V |
| | | 를 | | 물 | 어 | 다 | | 주 | 는 | | 효 | 도 | |

뜻풀이

| 자 | 식 | 이 | | 자 | 라 | 서 | | 어 | 버 | 이 | 의 | |
| | | 를 | | 갚 | 는 | 다 | . | | | | | |

⭐ **문장력 기르기** 사자성어를 넣어 이야기를 완성하세요.

우리 할아버지는 아빠가 어릴 때 돌아가셨다. 그래서 할머니께서 홀로
고생하시면서 아빠를 키우셨다. 아빠는 [반   ] 를 잊으면
안 된다며, 할머니께 정성을 다하신다.

⭐ **맞춤법 연습하기** 파란색 글자를 바르게 고쳐 쓰세요.

어버이의 은해를 갑는다   ➡

115

45

화중지병

畫 中 之 餅
그림 화   가운데 중   ~의 지   떡 병

한자 뜻

그림의 떡

뜻풀이

아무리 마음에 들어도 가질 수 없는 것

⭐ 아래 만화를 소리 내어 읽어 보세요.

정말 맛있어 보인다.

그러게. 한 입만 먹고 싶다.

그래 봤자 **화중지병**일 뿐이야.

맞아. 나도 '호주머니 괴물' 빵 사느라 용돈이 다 떨어졌어.

너희, 왜 집에 안 가니?

냄새라도 맡으려고요!

콩콩   콩콩

★ **사자성어 읽고 따라 쓰기** 소리 내어 읽으며 예쁘게 쓰세요.

畫 그림 화   中 가운데 중   之 ~의 지   餠 떡 병

화 중 지 병   화 중 지 병   화 중 지 병

★ **뜻 채우고 따라 쓰기** 소리 내어 읽으며 반듯하게 쓰세요.

▼ 한자 뜻을 두 번 쓰세요.

한자 뜻	그 림 의				
		의	떡		

뜻 풀 이	아 무 리	마 음 에	들 어 도	가
	질 수		것	

★ **문장력 기르기** 사자성어를 넣어 이야기를 완성하세요.

우리 아빠는 평범한 회사원이고, 내 짝꿍의 아빠는 큰 식당의 사장님이다.
짝꿍 방에 있는 온갖 비싼 장난감은 나에게 ［화   ］이다.
너무 부럽다.

★ **맞춤법 연습하기** 파란색 글자를 바르게 고쳐 쓰세요.

그리메 떡

음식

46 감언이설

甘	言	利	設
달 감	말씀 언	이로울 이	말씀 설

한자 뜻

달콤한 말과 이롭게 들리는 말

뜻풀이

원하는 것을 얻고자 남의 기분을 맞추며 꾀는 말

★비슷한 표현으로는 '사탕발림'이 있어요.

⭐ 아래 대화를 소리 내어 읽어 보세요.

4:15 💬 ✉   📶 ▂▃▄ 🔋

 엉뚱이

> 당당아! 너 오늘 학교에서 멋지더라.

당당이

> 어? 그래? 평상시에 입던 옷이었는데?

 엉뚱이

> 네가 똑똑하고 잘나서 뭘 입어도 고급스럽게 보이는 거야.

당당이

> 자꾸 왜 그래? 부끄럽게.

 엉뚱이

> 그래서 말인데, 내 수학 숙제 좀 도와주면 안 될까? 딱 열 문제만 도와줘.

당당이

> 꿍꿍이가 있어서 감언이설로 나를 살살 꼬드겼구나? 숙제는 스스로 해라!

⭐ **사자성어 읽고 따라 쓰기** 소리 내어 읽으며 예쁘게 쓰세요.

甘 달 감   言 말씀 언   利 이로울 이   設 말씀 설

| 감 | 언 | 이 | 설 | 감 | 언 | 이 | 설 | 감 | 언 | 이 | 설 |

⭐ **뜻 채우고 따라 쓰기** 소리 내어 읽으며 반듯하게 쓰세요.

한자 뜻

달	콤	한		말	과				들	리
는		말								

뜻풀이

원	하	는		것	을		얻	고	자		남	의	V
		을		맞	추	며		꾀	는		말		

⭐ **문장력 기르기** 사자성어를 넣어 이야기를 완성하세요.

우리 형은 평상시 온갖 신경질을 다 부린다. 그러다가 용돈 받을 때가 가까워져 오면 온갖   감   로 엄마의 기분을 맞춘다.

⭐ **맞춤법 연습하기** 파란색 글자를 바르게 고쳐 쓰세요.

기분을 맞추며 꽤는 말

음식

47 누란지위

累 卵 之 危
쌓을 누 · 알 란 · ~의 지 · 위태할 위

한자 뜻

층층이 쌓아 놓은 알의 위태로움

뜻풀이

몹시 아슬아슬한 위기

⭐ 아래 투덜이의 일기를 소리 내어 읽어 보세요.

20○○년 ○월 ○일 ○요일	날씨: 천둥과 번개가 침

제목: 아슬아슬한 우리 형

요즘 우리 형은 **누란지위**에 처해 있다. 먼저 태권도장에서 발목을 다쳐서

깁스하는 바람에 발냄새가 많이 나서 친구들에게 잔소리를 듣고 있다.

또 형이 좋아하던 누나는 형의 친구를 좋아한다고 고백했다고 한다.

게다가 오늘 영어 시험을 망쳤는데, 곧 엄마한테 들통날 것 같다며 떨고 있다.

우리 형이 너무 불쌍하다.

累 쌓을누   卵 알란   之 ~의지   危 위태할위

| 누 | 란 | 지 | 위 | 누 | 란 | 지 | 위 | 누 | 란 | 지 | 위 |

☆ **뜻 채우고 따라 쓰기** 소리 내어 읽으며 반듯하게 쓰세요.

한자뜻	층	층	이		쌓	아		놓	은		알	의

▼ 뜻풀이를 두 번 쓰세요.

뜻풀이	몹	시		아	슬	아	슬	한			
	몹	시							한		위	기

☆ **문장력 기르기** 사자성어를 넣어 이야기를 완성하세요.

축구 국가 대표팀이 [누   ]에 처했다. 감독과 코치는 서로 싸우고 있고, 몇몇 선수들은 다쳤다. 게다가 막강한 팀과 첫 번째 경기를 하게 되었다. 모든 국민의 걱정이 이만저만이 아니다.

☆ **맞춤법 연습하기** 파란색 글자를 바르게 고쳐 쓰세요.

층층이 싸아 노은

121

십시일반

十	匙	一	飯
열 **십**	숟가락 **시**	하나 **일**	밥 **반**

한자 뜻

밥 열 숟가락이 모여 한 그릇이 된다.

뜻풀이

여럿이 조금씩 힘을 합하면 한 명을 돕기 쉽다.

★비슷한 속담으로 '열의 한술 밥이 한 그릇 푼푼하다'가 있어요.

⭐ 아래 대화를 소리 내어 읽어 보세요.

 "애들아, 너희 오늘 우리 집에 올래?"

 "뭐 재미있는 일이라도 있어?"

 "내가 오늘 영어 단어 100개를 열 번씩 써야 하는데 말이야."

 "100개나?"

 "**십시일반**이라잖아. 너희가 25개씩만 써 주면 금방 끝날 것 같아서."

 "틀린 말은 아닌데, 그래도 이건 좀 아닌 것 같아."

 "그래! 숙제는 스스로 해야지."

 "진정한 친구라면, 친구가 어려울 때 도와야 하는 거 아니었어?"

 "진정한 친구니까 스스로 하라는 거야, 엉뚱아."

十 열 십   匙 숟가락 시   一 하나 일   飯 밥 반

| 십 | 시 | 일 | 반 | 십 | 시 | 일 | 반 | 십 | 시 | 일 | 반 |

★ **뜻 채우고 따라 쓰기** 소리 내어 읽으며 반듯하게 쓰세요.

한자뜻

| 밥 | | | 숟 | 가 | 락 | 이 | | 모 | 여 | | 한 | V |
| | | 이 | | 된 | 다 | . | | | | | | |

뜻풀이

| 여 | 럿 | 이 | | | | | 힘 | 을 | | 합 | 하 |
| 면 | | 한 | | 명 | 을 | | 돕 | 기 | | | . |

★ **문장력 기르기** 사자성어를 넣어 이야기를 완성하세요.

길을 가다가 구세군 냄비를 보았다. 천 원짜리가 수북했다.

엄마는 ┌ 십   ┐ 으로 모아 어려운 사람을 돕는 것이라고 하셨다.

그래서 나는 내 주머니에 있던 천 원을 넣었다.

★ **맞춤법 연습하기** 파란색 글자를 바르게 고쳐 쓰세요.

밥 열 숟가락

123

49 감탄고토

甘	呑	苦	吐
달 감	삼킬 탄	쓸 고	뱉을 토

음식

한자 뜻

달면 삼키고 쓰면 뱉는다.

뜻풀이

자신의 기분에 따라 일의 옳고 그름을 판단한다.

⭐ 아래 엉뚱이의 편지를 소리 내어 읽어 보세요.

소심이에게

소심아, 오늘 나한테 실망했지?

1교시 끝났을 때는 네가 나한테 사탕을 줘서 기분이 좋았어. 그래서 네가 학교 끝나고 오리 보러 가자고 했을 때, 쉽게 그러자는 말이 나왔어.

그런데 급식 시간에 네가 나보다 소시지를 더 받았잖니? 네 잘못은 아니지만 그때 기분이 좀 상했어. 그래서 너한테 갑자기 오리 보러 가기 싫다고 변덕을 부린 거야.

내가 너무 **감탄고토**했지? 정말 미안해. 내 사과를 받아 줘. 그리고 내일은 꼭 오리 보러 가자!

너의 친구 투덜이가

그래, 오리 보러 가자.

오리 보러 가기 싫어!

甘 달감   呑 삼킬 탄   苦 쓸 고   吐 뱉을 토

| 감 | 탄 | 고 | 토 | 감 | 탄 | 고 | 토 | 감 | 탄 | 고 | 토 |

★ **뜻 채우고 따라 쓰기** 소리 내어 읽으며 반듯하게 쓰세요.

▼ 한자 뜻을 두 번 쓰세요.

| 한자뜻 | 달 | 면 | | | | 쓰 | 면 | 뱉 | 는 | 다 |
| | 달 | 면 | 삼 | 키 | 고 | 쓰 | 면 | | | . |

| 뜻풀이 | 자 | 신 | 의 | | | 에 | 따 | 라 | 일 | 의 | V |
| | 옳 | 고 | 그 | 름 | 을 | 판 | 단 | 한 | 다 | . | |

★ **문장력 기르기** 사자성어를 넣어 이야기를 완성하세요.

누나는 자기 기분을 맞춰 주면 내 말이 맞았다고 하고, 그렇지 않으면 내 말이
틀렸다고 한다. 감 ⬚ 라더니 딱 우리 누나 행동을 가리키는
말이다.

★ **맞춤법 연습하기** 파란색 글자를 바르게 고쳐 쓰세요.

쓰면 뱉는다   ➡

125

약육강식

弱	肉	强	食
약할 약	고기 육	강할 강	먹을 식

한자 뜻

약한 자의 살은 강한 자의 먹이가 된다.

뜻풀이

약한 자는 강한 자에게 희생되기 쉽다.

⭐ 아래 소심이의 독서 감상문을 소리 내어 읽어 보세요.

책 이름: 초원에는 '누'가 살까? | 지은이: 김 박사

제목: 어미 누의 교육법

오늘 초원에 사는 '누'에 대한 책을 읽었다. 누는 소처럼 생겼는데, 앞으로 휘는 뿔이 있어서 '뿔말' 이라는 별명도 있다. 몸 빛깔은 짙은 푸른빛을 띤 회색이고, 어깨 양쪽에서 등으로 이어지는 곳에 줄 무늬가 있다.

누 가족은 풀을 찾아 이동한다. 무리 지어 다니며 아침과 저녁에는 풀을 먹고, 더운 낮에는 휴식을 취한다고 한다. 놀랍게도 물 없이도 5일쯤은 견딜 수 있다고 한다.

가장 기억에 남는 부분은 어미 누의 교육법이다. 어미 누는 새끼 누가 태어나면 달아나는 법부터 가르친다고 한다. **약육강식**의 초원에서는 언제 어디서 맹수들이 새끼 누를 잡아먹으려 할지 몰라서일 것이다. 엄마가 나보고 열심히 공부하라는 것도 약육강식의 세상에서 잘 살아남으라는 뜻이겠지?

弱 약할 약   肉 고기 육   强 강할 강   食 먹을 식

약	육	강	식	약	육	강	식	약	육	강	식

★ **뜻 채우고 따라 쓰기**   소리 내어 읽으며 반듯하게 쓰세요.

한자 뜻

약	한		자	의		살	은				자
의				가		된	다	.			

뜻풀이

약	한		자	는						자	에	게	V
			되	기		쉽	다	.					

★ **문장력 기르기**   사자성어를 넣어 이야기를 완성하세요.

엄마는 우리에게 빵 한 개씩을 주셨다. 그러나 엄마가 사라지는 순간
[약   ]의 세계가 되었다. 한입에 자기 빵을 다 먹어 치운 형은
결국 나와 동생의 빵을 절반씩 빼앗아 갔다.

★ **맞춤법 연습하기**   파란색 글자를 바르게 고쳐 쓰세요.

히생되기 쉽다   ➡

다섯째 마당 복습

1 그림과 관련된 사자성어의 뜻입니다. ☐ 안에 알맞은 낱말을 쓰세요.

보기

| 살 | 돌 | 떡 | 밥 | 단 | 알 | 물 |

고진감래
苦盡甘來

쓴 것이 다하면
☐ 것이 온다.

화중지병
畫中之餅

그림의 ☐

누란지위
累卵之危

층층이 쌓아 놓은
☐ 의 위태로움

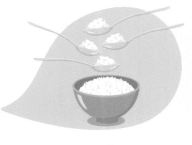

십시일반
十匙一飯

☐ 열 숟가락이 모여
한 그릇이 된다.

약육강식
弱肉强食

약한 자의 ☐ 은
강한 자의 먹이가 된다.

2 사자성어와 알맞은 한자 뜻과 뜻풀이를 연결하세요.

까마귀가 자라서 어미에게 먹이를 물어다 주는 효도	**계란유골** 鷄卵有骨	원하는 것을 얻고자 남의 기분을 맞추며 꾀는 말
달콤한 말과 이롭게 들리는 말	**조삼모사** 朝三暮四	운이 나쁜 사람은 좋은 기회가 와도 잘 안된다.
달걀에도 뼈가 있다.	**반포지효** 反哺之孝	간사한 꾀로 남을 속여 같은 결과를 얻는다.
먹이를 아침에 세 개, 저녁에 네 개 준다.	**감언이설** 甘言利說	자식이 자라서 어버이의 은혜를 갚는다.

3 ☐ 안에 들어갈 사자성어로 바른 것에 ○표 하세요.

⭐ 형의 최신 게임기는 손도 못 댄다. 나에게는 │ 화중지병 │ 계란유골 │ 이다.

⭐ 나는 더 이상 동생의 │ 감언이설 │ 감탄고토 │ 에 넘어가지 않겠다.

⭐ │ 고진감래 │ 조삼모사 │ 라고 꼭 참고 연습하면 줄넘기 대회에서 좋은 성적을
거둘 것이다.

⭐ 바닷속은 작은 물고기가 큰 물고기에게 먹히는 │ 십시일반 │ 약육강식 │ 의
세계이다.

⭐ 여러분이 배운 음식에 관한 사자성어와 뜻이 같거나 비슷한 속담을 알아보아요.

속담

계란유골(鷄卵有骨)

운이 나쁜 사람은
좋은 기회가
와도 잘 안된다.

안되는 놈은
두부에도 뼈라

고진감래(苦盡甘來)

고생 끝에 즐거움이 온다.

태산을 넘으면
평지를 본다

조삼모사(朝三暮四)

간사한 꾀로 남을 속여
같은 결과를 얻는다.

눈 가리고 아웅

십시일반(十匙一飯)

여럿이 조금씩 힘을 합하면
한 명을 돕기 쉽다.

열의 한술 밥이
한 그릇 푼푼하다

바빠 초등
사자성어+따라 쓰기

복습정답

① 정답을 확인한 후 틀린 문제는 ☆표를 쳐 놓으세요~
② 그리고 그 문제들만 다시 풀어 보는 습관을 들이면 최고!

✏️ 내가 틀린 문제를 확인하는 습관을 들이면
아무리 바쁘더라도 공부 실력을 키울 수 있어요!

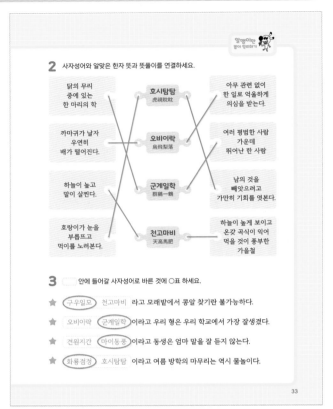

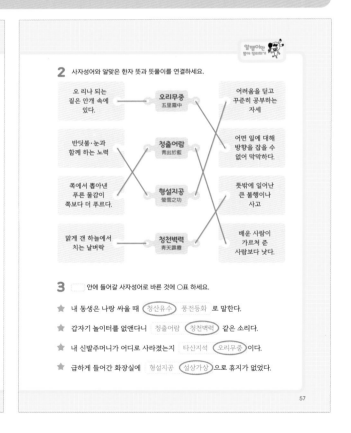

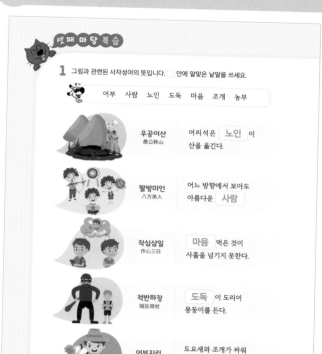

셋째 마당 복습

1 그림과 관련된 사자성어의 뜻입니다. ☐ 안에 알맞은 낱말을 쓰세요.

보기 어부 사람 노인 도둑 마음 조개 농부

우공이산 愚公移山 — 어리석은 **노인** 이 산을 옮긴다.

팔방미인 八方美人 — 어느 방향에서 보아도 아름다운 **사람**

작심삼일 作心三日 — **마음** 먹은 것이 사흘을 넘기지 못한다.

적반하장 賊反荷杖 — **도둑** 이 도리어 몽둥이를 든다.

어부지리 漁父之利 — 도요새와 조개가 싸워 **어부** 만 이익을 본다.

80

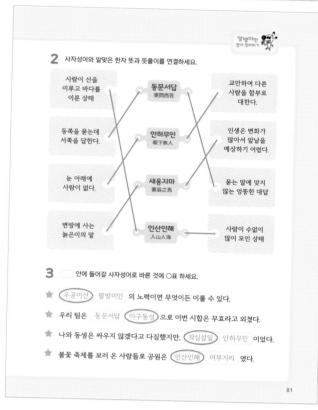

알쏭이만 풀어 말리기

2 사자성어와 알맞은 한자 뜻과 뜻풀이를 연결하세요.

사람이 산을 이루고 바다를 이룬 상태 — 동문서답 東問西答 — 교만하여 다른 사람을 함부로 대한다.

동쪽을 묻는데 서쪽을 답한다. — 안하무인 眼下無人 — 인생은 변화가 많아서 앞날을 예상하기 어렵다.

눈 아래에 사람이 없다. — 새옹지마 塞翁之馬 — 묻는 말에 맞지 않는 엉뚱한 대답

변방에 사는 늙은이의 말 — 인산인해 人山人海 — 사람이 수없이 많이 모인 상태

3 ☐ 안에 들어갈 사자성어로 바른 것에 ○표 하세요.

★ (우공이산) 팔방미인 의 노력이면 무엇이든 이룰 수 있다.

★ 우리 팀은 동문서답 (이구동성) 으로 이번 시합은 무효라고 외쳤다.

★ 나와 동생은 싸우지 않겠다고 다짐했지만, (작심삼일) 안하무인 이었다.

★ 불꽃 축제를 보러 온 사람들로 공원은 (인산인해) 어부지리 였다.

81

넷째 마당 복습

1 그림과 관련된 사자성어의 뜻입니다. ☐ 안에 알맞은 낱말을 쓰세요.

보기 등잔 송곳 자리 그릇 비단 냄비 망치

대기만성 大器晩成 — 큰 **그릇** 을 만드는 데 시간이 오래 걸린다.

동상이몽 同床異夢 — 같은 **자리** 에 자면서 다른 꿈을 꾼다.

등하불명 燈下不明 — **등잔** 밑이 어둡다.

낭중지추 囊中之錐 — 주머니 속의 **송곳**

금상첨화 錦上添花 — **비단** 위에 꽃을 더한다.

104

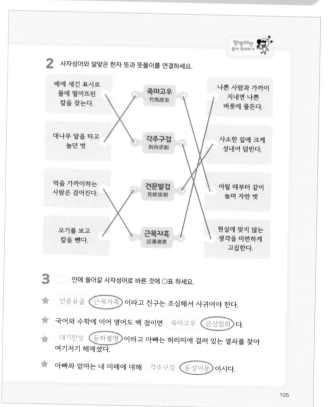

알쏭이만 풀어 말리기

2 사자성어와 알맞은 한자 뜻과 뜻풀이를 연결하세요.

배에 새긴 표시로 물에 떨어뜨린 칼을 찾는다. — 죽마고우 竹馬故友 — 나쁜 사람과 가까이 지내면 나쁜 버릇에 물든다.

대나무 말을 타고 놀던 벗 — 각주구검 刻舟求劍 — 사소한 일에 크게 성내어 덤빈다.

먹을 가까이하는 사람은 검어진다. — 견문발검 見蚊拔劍 — 어릴 때부터 같이 놀며 자란 벗

모기를 보고 칼을 뺀다. — 근묵자흑 近墨者黑 — 현실에 맞지 않는 생각을 미련하게 고집한다.

3 ☐ 안에 들어갈 사자성어로 바른 것에 ○표 하세요.

★ 언중유골 (근묵자흑) 이라고 친구는 조심해서 사귀어야 한다.

★ 국어와 수학에 이어 영어도 백 점이면 죽마고우 (금상첨화) 다.

★ 대기만성 (등하불명) 이라고 아빠는 허리띠에 걸려 있는 열쇠를 찾아 여기저기 헤매셨다.

★ 아빠와 엄마는 내 미래에 대해 각주구검 (동상이몽) 이시다.

105

133

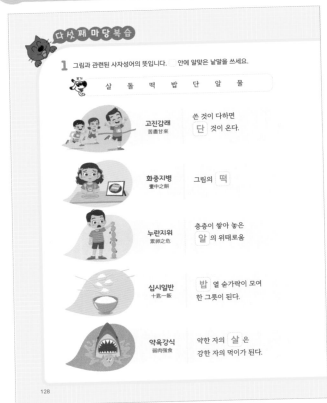

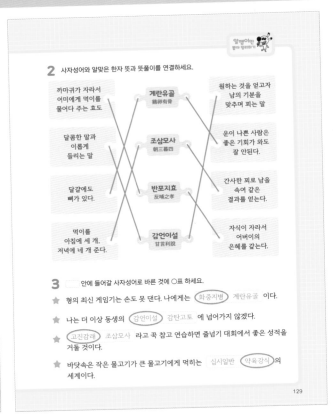

한 번 봐도 두 번 외운 효과!

초등 1학년도 10일이면
8급 시험 준비 끝!

어머, 이렇게 쉽게 외워져?

두뇌 자극 한자 책

그림과 풀이말로 한자를 외우자!

세 박자 풀이말을 따라 읽으면 술술 외워져!

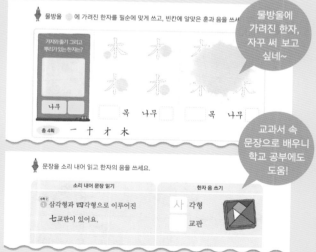

물방울에 가려진 한자, 자꾸 써 보고 싶네~

교과서 속 문장으로 배우니 학교 공부에도 도움!

8급을 딴 후 7급 한자에 도전하세요!

바쁜 초등학생을 위한 빠른 급수한자 7급 1권 **50자**
바쁜 초등학생을 위한 빠른 급수한자 7급 2권 **50자**

신출 한자 50자씩 총 100자를 학습합니다.

7급 ①, ② | 각 권 9,000원

호사라 박사 지음 / 각 권 10,000원 / 세트 18,000원 ─ 더 경제적!

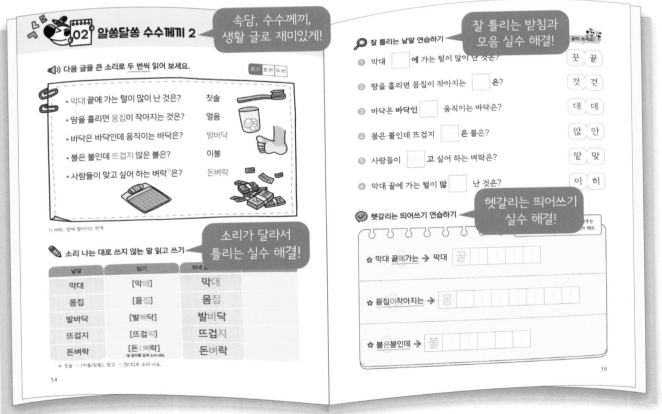

호 박사

분당 영재사랑 교육연구소에서 지도한 아이들의 문법 습득 과정을 반영해 과학적으로 설계했어요!

사자성어 초성 퀴즈 카드

 점선을 따라 자르면 사자성어 카드가 돼요!

일 ㅅ 이 ㅈ
一石二鳥

ㅇ두 ㅅ미
龍頭蛇尾

ㅎ시 ㅌ ㅌ
虎視眈眈

ㄱ ㅇ 지간
犬猿之間

ㅁ이 ㄷ 풍
馬耳東風

ㅇ비이 ㄹ
烏飛梨落

ㅎ ㄹ 점정
畫龍點睛

ㅊ고 ㅁ비
天高馬肥

구 ㅇ 일 ㅁ
九牛一毛

군 ㄱ 일 ㅎ
群鷄一鶴

ㅊ 산유 ㅅ
靑山流水

ㅌ 산지 ㅅ
他山之石

호시탐탐 (虎視眈眈)

용두사미 (龍頭蛇尾)

일석이조 (一石二鳥)

오비이락 (烏飛梨落)

마이동풍 (馬耳東風)

견원지간 (犬猿之間)

구우일모 (九牛一毛)

천고마비 (天高馬肥)

화룡점정 (畫龍點睛)

타산지석 (他山之石)

청산유수 (青山流水)

군계일학 (群鷄一鶴)

설ㅅ가ㅅ 雪上加霜	ㅇㄹ무중 五里霧中	ㅍ전ㄷ화 風前燈火
청ㅊ벽ㄹ 靑天霹靂	우ㅎ죽ㅅ 雨後竹筍	ㅊ출어ㄹ 靑出於藍
ㅎㅅ지공 螢雪之功	ㄱ지ㅇ엽 金枝玉葉	ㅇㄱ이산 愚公移山
팔방ㅁㅇ 八方美人	ㄷ문ㅅ답 東問西答	인ㅅ인ㅎ 人山人海
작심ㅅㅇ 作心三日	ㅇㅎ무인 眼下無人	ㅇㄱ동성 異口同聲

풍전등화(風前燈火)

오리무중(五里霧中)

설상가상(雪上加霜)

청출어람(靑出於藍)

우후죽순(雨後竹筍)

청천벽력(靑天霹靂)

우공이산(愚公移山)

금지옥엽(金枝玉葉)

형설지공(螢雪之功)

인산인해(人山人海)

동문서답(東問西答)

팔방미인(八方美人)

이구동성(異口同聲)

안하무인(眼下無人)

작심삼일(作心三日)

ㅅㅇ지마 塞翁之馬	ㅈ반ㅎ장 賊反荷杖	ㅇㅂ지리 漁父之利
ㅇ중유ㄱ 言中有骨	ㅈㅁ고우 竹馬故友	ㄷㄱ만성 大器晩成
각주ㄱㄱ 刻舟求劍	ㄷㅅ이몽 同床異夢	ㄷㅎ불명 燈下不明
근ㅁ자ㅎ 近墨者黑	ㄴㅈ지추 囊中之錐	ㄱ문발ㄱ 見蚊拔劍
ㄱ상첨ㅎ 錦上添花	ㄱㄹ유골 鷄卵有骨	ㄱ진ㄱ래 苦盡甘來

어부지리 (漁父之利)

적반하장 (賊反荷杖)

새옹지마 (塞翁之馬)

대기만성 (大器晚成)

죽마고우 (竹馬故友)

언중유골 (言中有骨)

등하불명 (燈下不明)

동상이몽 (同床異夢)

각주구검 (刻舟求劍)

견문발검 (見蚊拔劍)

낭중지추 (囊中之錐)

근묵자흑 (近墨者黑)

고진감래 (苦盡甘來)

계란유골 (鷄卵有骨)

금상첨화 (錦上添花)

ㅈ삼ㅁ사
朝三暮四

ㅂ포지ㅎ
反哺之孝

ㅎ중지ㅂ
畫中之餅

ㄱㅇ이설
甘言利說

ㄴ란지ㅇ
累卵之危

ㅅㅅ일반
十匙一飯

ㄱㅌ고토
甘呑苦吐

ㅇ육ㄱ식
弱肉强食

사자성어 카드 이렇게 활용해 보세요.

01
초성 퀴즈가 적힌 앞면을 보고 사자성어를 맞혀 보세요.
한자를 보고 힌트를 얻을 수도 있어요!

02
사자성어 카드를 바닥에 펼쳐 놓고 다른 사람이 불러 주는 사자성어를 빨리 찾는 놀이를 해 보세요.
친구들과 누가 먼저 찾는지 내기를 하면 더 재미있어요.

03
초성 퀴즈가 적힌 앞면이 보이도록 카드를 펼쳐 놓으세요.
가위바위보를 하여 이긴 사람이 카드를 골라 사자성어를 말하고, 정답을 맞히면 카드를 가져갑니다.
사자성어 카드를 많이 가진 사람이 승리!

화중지병 (畫中之餠)

반포지효 (反哺之孝)

조삼모사 (朝三暮四)

십시일반 (十匙一飯)

누란지위 (累卵之危)

감언이설 (甘言利說)

약육강식 (弱肉强食)

감탄고토 (甘呑苦吐)

바빠 초등 사자성어+따라 쓰기

점선을 따라 자르면 사자성어 카드 50장이 돼!

와우!

우리는 아이들을 탈락시키지 않고 모두 목적지까지 데려가는 책을 만듭니다. 이지스에듀